독서와 난독증의
뇌과학

독서와 난독증의 뇌과학

발행일	2021년 1월 18일		
지은이	박세근		
펴낸이	손형국		
펴낸곳	(주)북랩		
편집인	선일영	편집	정두철, 윤성아, 최승헌, 배진용, 이예지
디자인	이현수, 한수희, 김민하, 김윤주, 허지혜	제작	박기성, 황동현, 구성우, 권태련
마케팅	김회란, 박진관		
출판등록	2004. 12. 1(제2012-000051호)		
주소	서울특별시 금천구 가산디지털 1로 168, 우림라이온스밸리 B동 B113~114호, C동 B101호		
홈페이지	www.book.co.kr		
전화번호	(02)2026-5777	팩스	(02)2026-5747

ISBN   979-11-6539-577-3 03370 (종이책)   979-11-6539-578-0 05370 (전자책)

(주)북랩 성공출판의 파트너
북랩 홈페이지와 패밀리 사이트에서 다양한 출판 솔루션을 만나 보세요!
홈페이지 book.co.kr   • **블로그** blog.naver.com/essaybook   • **출판문의** book@book.co.kr

난독증 치료의 권위자
박세근 원장의
**획기적인
읽기 개선법**

조기 진단과 조기 치료로 바로잡는 난독증

독서와
난독증의
뇌과학

박세근 지음

인구의 5%를 차지하는 흔한 병이지만
근본적인 치료가 어렵다고 알려진 난독증.
이 책은 선입견에 맞서 정확한 진단과 맞춤형 치료로
얼마든지 난독증을 개선할 수 있음을 보여 준다!

북랩 **book** Lab

책 소개

소아청소년과 전문의인 나는 15년 전에 난독증에 관해 관심을 가지고 공부를 시작하게 되면서 어떤 책으로 어떻게 공부해야 할지 몰라 헤매었던 기억이 있다. 아직도 난독증에 대해서는 더 많은 연구가 필요한 상황이지만, 15년 전에는 지금보다 훨씬 알려진 게 없었기 때문에 여기저기 논문들을 찾아보면서 내 나름대로 개념을 정리하였고, 여러 연구 결과들 가운데 믿음이 가는 연구 결과들을 실제 난독증을 가지고 있는 사람(이하 '난독증인')들의 진단과 치료에 적용하였다. 그리고 이를 통해 얻은 임상 경험들을 축적하여 지금도 계속 난독증의 진단과 치료 과정을 정립해 나가고 있다.

그런데 나는 요즘도 난독증에 관해 공부하고 싶어 하는 여러 직역의 사람들(교육자, 치료사, 의사, 난독증 아이의 부모 등)에게서 난독증에 관해 공부할 책이나 공부 방법을 알려달라는 요청을 받곤 한다. 이는 아직도 난독증에 대한 연구가 많이 부족해서 발병 메커니즘이나 효과적인 치료 방법에 대한 자료들이 부족하고 그에 관한 더 많은 연구가 필요하다는 것을 의미하는 것이다. 이러한 연구 자료의 부족과 효과적인 치료 경험의 부족 때문에 난독증을 공부하고 싶어 하는 사람들에게 꼭 필요한 책들이 만들어지지 못한 것이 아닌가 생각된다.

이제까지 시중에 출판된 난독증에 관한 책들은 거의 난독증인들의 사례들을 소개하거나 난독증인들이 보이는 다양한 증상들을 설명하는 책들이 대부분이었다. 난독증인들의 다양한 증상이 왜 나타나는지에 대해서나 난독증의 신경과학적 발병 메커니즘이나 그 발병 메커니즘에 맞춰진 치료법들은 무엇인지에 대한 내용을 다룬 책들은 별로 없었다.

난독증인이나 그 부모들, 치료사들, 교육자들은 대개 여러 난독증인의 사례에서 나타나는 증상들에 대해서는 잘 알고 있는데 반해 난독증의 발병 메커니즘은 잘 모르기도 하고, 어떤 훈련을 어떻게 해야 빠른 시간 내에 보다 완전하게 난독증을 극복할 수 있는가에 대해서도 잘 모르는 경우가 많다. 따라서 그들은 현재 자신이 진행하는 치료 방법보다 더 나은 치료 방법은 없을까를 늘 고민한다.

이런 이유로 난독증에 대한 본질을 이해하려는 사람들, 그리고 과학적인 진단과 치료 방법에 관한 지식에 목말라 있는 의사, 치료사, 교육자, 난독증인들과 그들의 가족 등과 같은 사람들에게 필요한 정보가 많이 부족한 것이 현실이다.

비록 미천한 지식과 경험이지만, 15년 동안 내가 공부하고 경험한 지식과 임상 사례들을 토대로 난독증의 신경과학적 관점에서 발병 메커니즘과 그에 따른 치료에 중점을 두면서 이 책을 썼다.

이 책이 비록 난독증의 모든 것을 알려줄 수는 없다 해도 난독증을 과학적으로 이해하고 싶어 하는 사람들에게 작게나마 도움이 될 수 있기를 바란다.

박세근

들어가며

　사회적 동물인 사람이 사회생활을 잘하면서 살아가려면 사람들 상호 간에 의사소통이 원활해야 한다. 이는 필수 조건이다. 사람들이 서로 의사소통을 하려면 언어라는 수단이 있어야 하는데, 언어는 크게 세 가지 형태로 존재한다. 손짓, 발짓, 표정 같은 몸짓언어와 입을 통해서 만들어 내는 구어언어, 그리고 약속된 암호로 표기하는 문자가 있다. 문자도 글로 써서 자신의 의사를 표현하고 글을 읽어서 상대방의 의도를 이해한다는 면에서 의사소통의 수단인 언어라 할 수 있다.

　전체 인류 역사에서 의사소통 도구로써의 언어를 발전 순서대로 본다면 첫 번째 언어는 몸짓언어, 두 번째 언어는 말소리언어(구어언어), 세 번째 언어는 문자라고 할 수 있다.

　아마도 원시시대에 인류가 지구상에 나타난 초기에는 몸짓언어를 주된 의사소통의 수단으로 사용하면서 동시에 단순한 소리들로 구성된 구어언어를 조금 사용했을 것으로 추측되고, 사회가 점차 발달하면서 구어언어도 정교하게 발달하여 단어의 개수도 늘어나고 점점 더 복잡해져 갔으리라고 생각한다. 이렇게 인류가 몸짓언어와 구어언어로 의사소통을 할 때는 반드시 사람과 사람이 직접 대면해야만 의사를 전달할 수 있었지만, 문자의 발명으로 사람이 직접 만나지 않고도 의사소통을 할 수 있는 수단이 생겼다.

이런 관점에서 볼 때 문자를 읽을 수 없다는 것은 의사소통 수단인 세 가지 언어들 가운데 한 가지 언어를 갖추지 못한 채로 세상과 소통하면서 살아야 한다는 것을 의미한다. 이는 또한 읽기를 통해서 다른 사람들과 의사소통을 할 수 없다는 사실을 넘어서, 책을 통해 얻을 수 있는 수많은 정보와 지식을 습득하는 게 불가능하다는 것을 의미하기도 한다. 결국, 읽기에 어려움을 가진 사람들은 요즘 같은 정보화 사회에서 뒤처질 수밖에 없게 되고, 특히 우리나라처럼 모든 학생이 학습에서 좋은 성적을 얻어 명문대에 가려는 나라에 사는 대한민국의 학생들은 자신의 꿈을 이루기 힘들어져 고통과 절망 속에서 삶을 살 수밖에 없는 것이다.

지금 이 시간에도 읽기를 제대로 습득하지 못해 고통 속에 좌절하면서 성취하고 싶은 장래의 희망을 포기하게 되는 수많은 아이들, 그리고 성인이 되었는데도 불구하고 살아가면서 읽기를 불편해하고 어려워하는 많은 사람이 있다.

　이 책을 통해 내가 소아청소년과 전문의로 10년 이상의 기간 동안 난독증을 가진 사람들을 만나 상담하고 치료하면서 얻은 경험들과 여러 연구 논문들을 통해 얻은 지식들을 바탕으로 의사나 전문가뿐만 아니라 일반인들도 난독증에 대한 올바른 최신 정보를 얻을 수 있게 해 주고, 난독증에 대한 사회적 이해를 넓히고 싶은 마음이다. 또한, 난독증을 가진 사람들이 조기 진단과 조기 치료를 받을 수 있게 되어 하루라도 빨리 고통 속에서 빠져나오는 데 도움이 되기를 바란다.

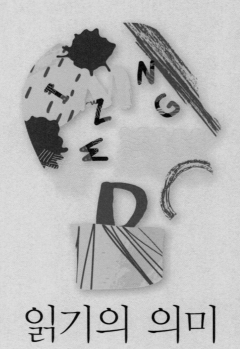

읽기의 의미

문자는 인간이 의사소통하는 데 쓰는 구어언어를 시각적인 암호[1] 형태로 만든 인간의 발명품이다. 따라서 읽기는 두뇌에서 '문자'라는 '시각 형태'의 정보를 '소리 형태'의 청각 정보로 바꾸어 구어언어로 이해하는 과정이다. 즉, '문자'는 구어언어를 시각적 암호로 표기한 것이며, '문자'를 읽는다는 것은 시각적 암호를 해독하여 구어언어로 이해하는 과정이다.

---

1) 글을 읽을 때 눈에 보이는 기호를 구어단어로 바꾸는 해독 과정이 필요하다는 점에서 시각적 '기호'라는 용어보다는 '암호'라고 표현했다.

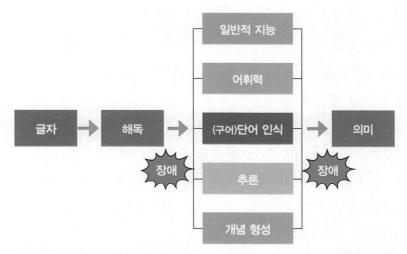

〈그림 1. 두뇌가 책을 읽는 과정 : 문자 → 해독 → 구어단어로 인식 → 어휘력과 추론
능력을 발휘하여 단어와 문장의 의미를 이해. 이때, 글자를 보고 구어단어로 만드는
'해독' 과정에 어려움이 있거나 구어단어 인식 후 '이해' 과정에 장애가 있을 때 난독
증이 발생한다〉

　　따라서 읽기는 구어언어와 깊게 연관되어 있으며, 결국 '읽기
어려움'이라는 문제는 언어발달과 관계있는 신경발달장애(Lan-
guage based and Neurodevelopemental Disorder)인 것이다.

　　인류 역사에서 언어는 몸짓이나 표정 언어에서부터 시작되어
단순하고 간단한 단어로 이루어진 구어언어로 발전했고, 점차
세상이 발달하고 복잡해짐에 따라 기록의 필요성이 생기면서
기원전 5천 년경에 문자가 발명되었다. 문자가 만들어지고 나서
부터는 인류에게 필요한 정보나 지식을 문서로 기록하게 되었
고, 이렇게 되면서 어떤 사람이 읽기를 할 수 없다는 것은 그간

인류가 축적해 온 많은 지식에 접근할 수 없다는 것을 의미하게 되었다. 이는 또한, 그 사람이 자신에게 꼭 필요한 정보나 지식을 접할 기회가 박탈된다는 것을 의미하기도 한다.

문자는 인류 역사상 인간이 만들어낸 발명품들 가운데 가장 훌륭한 발명품이라 할 수 있다.

인류 역사를 크게 둘로 나눌 때 문자 발명 이전(선사시대)과 이후(역사시대)로 나눌 만큼 문자의 발명은 인류 역사상 아주 중요한 사건이다.

원시시대부터 인류가 살아오면서 생존을 위해 터득한 여러 경험, 기술 그리고 지식이 문자 발명 이전에는 구전으로 후대에 전해질 수밖에 없었다. 따라서 지리적·환경적 여건이나 인간 기억력의 한계 때문에 전해질 수 있는 정보의 양에는 제한이 많았다.

그렇지만 문자를 발명한 이후에는 모든 지식과 정보를 머릿속에 암기하거나 다른 사람들에게 직접 말로 전달하지 않더라도 기록을 통해 지식을 축적할 수 있게 되었다. 그리고 축적된 지식을 바탕으로 그간 지식을 암기하는 데 썼던 노력과 에너지를 새로이 필요한 기술과 지식을 개발하는 데 쓸 수 있게 되면서 인류는 문자 발명 이전 시대와는 비교할 수 없을 만큼의 획기적인 발전을 할 수 있는 기반을 마련하게 된 것이다.

역사시대 이후부터는 점차 문자를 읽을 수 있는 능력이 사람이 세상을 살아가기 위한 기본적이고 필수적인 인간의 능력이 되었고, 지식을 기반으로 하는 현대 사회에서는 과거 그 어느 때보다도 읽기능력이 중요해졌다.

인간의 구어 능력(듣기와 말하기 능력)은 적절한 모국어 환경에서 생활하게 되면 자연적으로 습득되는 것이다. 인간 두뇌의 언어 담당 신경세포는 출생 후 약 두 달 정도가 되면 환경 속에서 들리는 모국어에 대해 반응하기 시작하여 적절한 시기에 충분한 언어 자극을 받기만 하면 의식적인 사고나 노력 없이 듣고 말하는 것을 가능하게 하는 '언어 담당 신경회로'가 형성된다. 다시 말해서 구어언어 습득을 위한 언어회로는 항상 형성될 준비가 되어 있어서 적절하고 충분한 언어 자극을 받기만 하면 모국어 신경회로가 형성되는 것이다. 신경학적 이상이 없는 한, 인간은 출생 후 적절한 언어 환경에 노출되기만 하면 말을 배울 수 있다.

반면에 읽기는 반드시 배워야 한다. 의도적으로 배우려는 노력 없이 책을 눈앞에 보여주는 것만으로는 읽기능력을 얻을 수가 없다.

인류 진화의 역사를 살펴보면 구어는 5만 년 전부터 존재해왔지만, 문자는 발명된 지 약 6~7천 년 정도밖에 되지 않은 최근의 발명품이기 때문에 아직은 읽기를 위해 필요한 유전적 요소가 인간의 유전자 안에 준비되어 있지 않은 것이다. 따라서 인간의 읽기능력은 타고난 것이 아니라 후천적 성취이다. 읽기를 배우는 데는 많은 시간이 소요되는데, 이렇게 읽기를 습득하는 기나긴 읽기 학습 과정이 결국 읽기회로의 연결 구조를 깊고 훌륭하게 바꾸어 두뇌의 배선을 효율적으로 만듦으로써 인간 사고의 본질을 변화시킨다. 어떤 사람이 무엇을 읽는지, 어떻게 읽는지, 왜 읽는지에 따라 그 사람이 사고하는 방식이 달라지게 되며, 그렇기 때문에 읽기의 질은 인간 사고의 질을 보여주는 지표가 되기도 한다.

읽기의 질이 사고의 질에 어떤 영향을 미치는지 한번 생각해 보자.

우리 사회는 최근 20~30년 사이에 급격하게 디지털 사회로 변화하고 있다. 어떤 내용의 지식을 습득하기 위해 한 권의 책을 선택해서 읽는다고 했을 때, 디지털 매체로 읽을 때와 고전적인 종이책으로 읽을 때의 '집중'은 질이 다르다. 대부분의 사람은 종이책으로 읽을 때보다 디지털 매체로 글을 읽으면 몰입이 잘 안 된다는 것을 느끼게 된다. 이는 화면으로 책을 읽을 때는 대개 한 화면에 보이는 단어들의 양(특히 화면이 작은 스마트폰은 단어들의 양이 더 적다)이 종이책 한 페이지에 있는 양보다 적어서 종이책 한 페이지 분량의 글을 읽을 때 종이책은 손의 움직임 없이 눈으로 책만 읽으면 되는데, 화면 읽기는 마우스를 이용한 페이지 이동 없이는 종이책 한 페이지 분량을 다 볼수 없어서 마우스를 조작하게 되기 때문이다. 이렇게 되면 독서하면서 내용 파악과 이해에 써야 할 집중력 가운데 일부를 마우스 조작에 빼앗기게 된다. 그리고 독서를 하다 보면 경우에 따라서 지금 읽는 페이지의 앞 페이지에 있었던 내용을 다시 봐야 할 수도 있는데, 이럴 때 종이책은 구조상 두 페이지가 함께 펼쳐져 있어서 손을 쓰지 않고 눈동자의 이동만으로 간단하게 볼 수도 있고 그게 아니더라도 종이 한 장만 넘기면 볼 수 있다. 또한, 경우에 따라서는 여러 페이지를 넘겨 앞에서 봤던 내용을 봐야 할 경우에도 종이책에서 페이지를 여러 장 넘기는 일이 화면에서 마우스를 가지고 페이지를 찾는 조작보다는 간편해서 이전 페이지의 내용을 찾아보기가 종이책으로 읽는 것이 화면으로 읽는 것에 비해 상대적으로 수월하다.

결국 이런 이유로 화면 읽기는 여러 페이지를 넘겨서 다시 봐야 할 내용이 있어도 귀찮아서 안 보기 쉬워서 책의 내용을 부정확하게 이해하기도 하고, 읽으면서 손으로 마우스를 조작하느라 종이책 읽기에 비해 집중하기가 어렵다.

또한, 인간의 뇌는 항상 새로운 것에 주의를 집중하도록 진화되어 왔다. 환경 속의 여러 감각자극들 가운데 새로운 자극에 집중하지 못하면 산 위에서 굴러오는 바위에 깔려 다칠 수도 있고, 풀숲에 있던 뱀에게 물려 생명이 위험할 수도 있기 때문에 원시시대부터 두뇌는 생존을 위해 그렇게 진화한 것이다.[2] 그런데 우리는 디지털 환경에서 100% 완벽하게 받아들이기에는 어려울 만큼의 많은 정보를 접하고 있으며, 그러다 보니 그렇듯 많은 정보를 제공하는 쪽에서는 강화된 감각자극들을 만들어 제공하게 되고, 결국 우리의 두뇌는 깊은 사고를 하기 전에 화면에서 강조된 강한 자극에 주의를 빼앗기게 되면서 점차 그 새롭고 강한 자극을 탐닉하게 되기도 한다. 이렇게 글을 디지털 매체로 읽으면 쉽게 주의를 빼앗기게 되고, 읽고 있는 내내 계속해서 주의 집중이 분산되기 때문에 자신의 배경지식과 책의 내용이 통합되지 못하는 결과를 가져오면서 결국 읽는 문장을 분석하기 어렵게 된다. 또한, 이런 상태에서는 비유와 추론을 끌어내는 능력도 발휘되기가 어려워진다. 결국, 화면 읽기로는 전통적으로 인간이 독서를 통해 습득할 수 있는 깊은 사고 능력과 비판적 분석 능력을 얻을 수 없는 것이다. 지나친 비약일지도 모르겠지만, 이와 같은 현상을 사회적 관점에서 보면 이는 곧 민주주의를 위협하는 큰 문제일 수도 있다. 대부분의 사람이 자극적인 문구와 눈에 확 들어오는 화면을 통해 정보를

---

2) Novel bias : 진화적 반사작용으로 새로운 것이라면 무엇이든 곧바로 우리의 주의를 끌어당기는 것을 말한다. 식량이나 짝을 구할 때 새로운 경험을 얻으려고 노력해야 생존과 종족 보존이 가능했기 때문에 인간의 두뇌는 새로운 것에 집중하는 경향이 있다.

전혀 분석하지 않고 즉각적으로 받아들임으로써 비판이나 깊은 사고 없이 흡수하다 보면 선동에 쉽게 휩쓸리게 되고 거짓을 진실로 받아들이기도 하기 때문이다. 선동에 휩쓸리지 않고 가짜 뉴스에 속지 않으려면 평소 독서를 통해 배경지식을 많이 쌓고, 글을 읽을 때는 논증이나 증거들을 스쳐 지나가지 않고 깊이 사고하는 노력을 기울여야 독서를 통해 사고의 질을 높일 수 있다.

화면 읽기와 가짜 뉴스

책을 읽을 때는 페이지의 위에서부터 아래로 한 줄씩, 왼쪽에서 오른쪽으로 읽어야 한다. 그러나 사람들이 화면을 통해 읽을 때는 종이책을 읽을 때와 비교할 때 한 줄씩 빠뜨리는 단어 없이 좌에서 우로 읽는 것이 어렵다. 대개 화면을 통해 읽을 때는 한 화면에 보이는 단어들을 골라서 읽는 경향이 강하게 나타나서 화면에 보이는 단어들을 'F자 형태'로 읽거나 '지그재그 형태'로 읽기 때문에 핵심 단어만 읽는 문제가 나타나기 쉬운 것이다. 이렇게 되면 독자가 '진실'과 '가짜 뉴스'를 구분하기가 어려워진다. 고전적인 종이책 읽기에서는 분석하고 비판하면서 심사숙고하는 읽기가 이루어지기 때문에 사람들이 가짜 뉴스에 휘둘리는 일이 적었지만, 화면으로 핵심 단어만 훑어보는 읽기를 하면서는 가짜 뉴스를 만들어내는 사람이 자신의 의도에 맞춰진 단어들을 화면에서 눈에 잘 띄도록 글을 쓰기 때문에 독자가 쉽게 속는 일이 상당히 빈번하게 일어나는 것이다. 사람들이 가짜 뉴스를 잘 가려내려면 읽을 때 충분한 시간을 두고 읽어야 하고, 정보 이해력이 좋아야 하며, 열린 마음도 있어야 한다고 《워싱턴 포스트》에서도 소개된 바 있다.

디지털 포맷으로 읽는 습관과 함께 매일 디지털 경험에 파묻혀 지내게 되면 '깊이 읽기'를 구성하는 비판적 사고나 자신과 타인에 대한 성찰, 상상, 공감 같은 느린 인지 과정이 형성되기 어렵고, 이는 곧 독서를 통해 얻을 수 있는 깊은 사고력과 개념화 능력의 발달을 해치는 결과를 가져온다.

『이상한 나라의 앨리스』를 읽으면서 앨리스를 따라 앨리스와 함께 이상한 나라의 문 앞까지는 갔는데 그 나라에 들어가지는 못하게 되고, 아주 감동적인 문학 작품을 읽고도 마음속 깊은 곳에서 일어나는 감동을 제대로 느끼지 못하게 되는 것이다. 결국, 어떤 매체로 어떻게 읽는지에 따라 뇌 안의 읽기회로도 사람에 따라 서로 다른 형태와 방식으로 형성될 것이다. 글을 읽을 때 뇌 안의 회로들에서 이루어지는 정보 처리라는 관점에서 보면 종이책에 인쇄된 문자와 화면에 비친 문자는 뇌 안의 서로 다른 회로에서 정보 처리가 이루어지므로 서로 다른 언어인 셈이다.

그렇다면 어떤 언어(매체)로 읽기를 해야 할지에 대한 의문이 생길 수 있다. 종이책 읽기를 통해 깊은 사고력과 분석 능력,

비판적 사고, 은유와 추론 능력, 개념화 능력 등을 향상하고 통찰력도 키울 수 있지만, 화면 읽기를 통해서는 앞에 열거된 인간의 여러 능력을 향상하는 데 부족함이 있다는 점에서 보면 분명 종이책 읽기가 더 좋다. 하지만 요즘같이 인터넷이 발달하고 정보가 넘쳐나는 세상에 살면서 종이책을 통한 깊이 읽기만을 고집한다면 막대한 양의 정보들로 가득 찬 세상에 적응하며 살아가기가 어려울 것이다. 그러므로 결론은 종이책으로 깊이 생각하면서 느리고 자세히 읽는 것과 화면으로 깊은 사고 없이 있는 그대로 사실적 독해를 하면서 빨리 훑어보는 읽기를 모두 해야 한다는 것이다. 인터넷을 통해 읽으면서 들어보지 못한 새로운 세계들을 찾아서 읽고 기억하는 방법을 터득하여 자신만의 고유한 지식을 쌓아서 이용할 수 있어야 한다. 즉, 현대 사회에서는 두 가지 읽기가 모두 필요하다. 우리는 읽기를 배울 때 이 두 가지 읽기능력을 모두 갖추도록 읽기 훈련을 해야 하고, 그 두 가지 읽기를 습득한 후에도 필요에 따라서 두 가지 읽기능력을 모두 사용하면서 살아야 한다. 오랫동안 쓰지 않은 회로는 퇴화하기 때문이다.

종이책 읽기와 화면 읽기의
두뇌 회로

깊이 사고하고 분석하면서 읽기와 빠르게 훑어보는 읽기는 서로 다른 회로를 통해 이루어지는 두 개의 언어 같아서 한 가지 읽기만을 계속해서 하면 다른 한 가지 읽기능력은 잘 작동하지 않는다. 줄리 코이로의 연구에서 7학년 학생들의 읽기능력을 조사했는데, 종이책 읽기가 우수한 학생들 가운데서 화면 읽기는 형편없는 경우가 흔하게 있었고, 역으로 화면 읽기가 우수한 학생들 가운데 종이책 읽기는 형편없는 경우도 많았다는 결과는 화면 읽기와 종이책 읽기가 두뇌에서 서로 다른 회로를 사용한다는 것을 암시한다. 분석적으로 심사숙고하면서 천천히 읽기를 반복하다가는 빠르게 훑어보는 읽기를 할 수 없고, 화면으로 빠르게 읽기만을 계속하면 깊은 읽기를 할 수 없게 되는 것이다. 종이책으로 깊이 사고하면서 읽기를 오래전부터 잘해 오던 사람들도 생활 속에서 화면으로 빨리 읽기를 자꾸 하다 보면 깊이 읽기능력을 상실하게 된다. 즉, 한 가지 읽기만을 계속하면 다른 한 가지 읽기능력은 퇴화하여 사라지게 되는 것이다.

읽기를 처음 배우는 학동기 시작 무렵에는 사실적 독해를 하고, 사실적 독해가 정확히 이루어지고 나면 깊은 사고와 비유, 은유, 추론 등을 통해 분석하면서 비판적 사고 능력을 기르는 독서를 해야 한다. 이렇게 종이책을 통한 느린 독서는 적어도 초등학교 내내 계속해서 하여야 한다. 그리고 아이가 중학교에 들어가면 이때부터는 종이책뿐만 아니라 디지털 기기를 이용한 화면 읽기를 병행해서 읽기를 할 필요가 있다. 또한, 화면 읽기를 하게 되면서부터 읽기는 속도가 아니라 의미가 중요하다는 것을 수시로 강조할 필요가 있다. 읽는 동안에는 자신이 읽은 것을 규칙적으로 점검하고 유추와 추론 기술을 온라인 콘텐츠를 읽을 때도 반드시 적용하도록 지도한다. 읽는 책들 모두를 분석할 필요는 없지만, 정확하고 빠른 읽기를 하면서 읽다가 필요한 부분이 있을 때는 천천히 깊이 읽기를 하여야 한다. 중학교 이후부터 계속 학년이 올라가면서 두 가지 읽기를 병행하여 능숙하게 두 가지 읽기회로를 쓸 수 있도록 지도해야 한다.

읽기에 대한 소크라테스의 주장과 훑어보는 화면 읽기에 대하여

소크라테스는 제자들에게 혼자서 책을 읽으며 공부하지 말라고 했다. 그 이유는 혼자서 책을 읽으면서 공부할 때는 잘못된 해석을 해도 고쳐줄 스승이 없으므로 잘못된 사상이나 틀린 지식을 습득하는 것을 경계했기 때문이었다. 그래서 제자들에게 책을 읽지 말라고 했고, 자신이 강의하는 내용을 받아쓰지도 못하게 하면서 대화를 통한 문답식 수업만을 고집했다. 소크라테스는 문답식 수업을 통해야 자신의 제자들이 얼마나 제대로 된 지식을 쌓아가고 있는지를 알 수 있고, 무언가에 대해 얼마나 정확히 알고 있는지를 판단할 수 있다고 생각했다. 그래서 제자들이 올바른 지식을 습득하기 위해서는 문답식 수업이 필수적인 요소라고 생각했다. 그런데 소크라테스는 문답식 수업의 한계와 읽기에서 얻을 수 있는 아주 많은 것이 있다는 것을 당시에는 깨닫지 못했다.

대화를 통한 문답식 수업은 학생들에게 정확한 지식을 알려줄 수는 있었지만, 스승 없이 혼자서는 공부를 할 수 없다는 문제가 있었다. 그런 환경에서는 스승을 능가하는 지식을 가진 제자가 나오기 어려웠으며, 수업하는 동안에 수업 내용을 모두 암기해야 하므로 전수할 수 있는 지식의 양에 한계가 많았다.

그러나 학생이 책 읽기를 통해 혼자 공부를 하게 되면서부터 학생은 당장 수업을 하는 현장에서 모든 것을 암기할 필요가 없어졌기 때문에 충분히 스스로 심사숙고할 수 있는 시간이 생겼고, 이는 인간의 창의성이 읽기 이전과는 비교할 수 없을 만큼 향상될 수 있는 계기가 되었다.

나는 이 책에서 화면 읽기를 경계해야 한다고 강조하고 있다. 우리가 훑어보는 읽기만을 하다 보면 분석을 통한 비판적 사고능력이 없어져서 민주주의가 없어질 수도 있다고까지 주장하면서 말이다. 그렇지만 요즘 세상에 디지털 화면 읽기를 완전히 거부하고 산다면 현대 사회를 살아가는 데 필요한 정보를 많이 놓치고 살 수밖에 없을 뿐만 아니라 시대에 뒤떨어진 사람이 될 것이다. 따라서 훑어보는 읽기를 하다가도 필요한 부분에서는 분석과 비판적 사고를 발휘하면서 읽어야 한다. 과거부터 현재까지 독서가 인간 사고의 질을 높이는 도구로 중요했다는 것을 강조하면서 깊이 읽기를 독서의 목표로 생각해 왔다. 하지만 요즘에 와서는 훑어보는 읽기가 독서의 새로운 표준이라고 주장하는 사람들도 있다. 깊이 읽기만을 강조하는 것은 과거 소크라테스가 읽기를 하지 말라고 했던 것, 즉 '문자는 망각을 위한 처방'이라서 지식을 보존하기 위해 문자를 이용하면 고도로 발달한 인간의 기억력을 이전만큼 활용하지 못할 것이라고 주장했던 것처럼 아직까지 우리가 훑어보는 읽기의 긍정적인 면을 잘 몰라서일지도 모른다. 그러므로 우리는 요즘 시대에 맞게 두 가지 읽기를 모두 이용해서 독서를 할 수 있어야 한다.

즉, 읽기를 지도하는 경우에 종이책 읽기를 가르칠 때는 속도를 강조하고 화면 읽기를 가르칠 때는 정확한 의미를 강조하는 것이 필요하다.

정보 과잉과 인간의 사고 능력

우리는 자신이 가지고 있는 지식과 정보를 재료로 삼아 깊은 사고를 한다. 지식과 정보가 없으면 당연히 깊은 사고에 어려움이 있을 것이다. 그러면 감각기관을 통해 들어오는 정보가 우리가 감당하기 힘들 만큼 많이 들어오는 것이 깊은 사고에 도움이 될까?

두뇌로 입력되는 정보가 과도하게 많으면 우리는 그 많은 정보를 단순화해서 정보의 자세한 부분들은 버리게 되고, 생각할 시간을 줄여서 정보를 빨리 처리하게 되며, 많은 정보 가운데 어떤 특정 정보의 중요성에 대한 판단 없이 정보를 자신의 입맛대로 선별하게 된다.

따라서 정보의 과잉은 인간의 깊은 사고를 방해하게 된다.

화면 읽기와 종이책 읽기 비교 연구들

 아직까지 화면 읽기와 종이책 읽기를 비교한 연구가 그렇게 많지는 않지만, 여기서 몇 가지 연구를 소개한다.

미국의 한 연구에서는 학업 성취 수준이 비슷하다고 생각되는 같은 대학교 신입생들을 두 집단으로 나누어 똑같은 내용의 시험 문제를 가지고 시험을 치르게 하였다. 한 집단은 모니터 화면을 통해 시험문제를 풀게 하였고 다른 한 집단은 시험문제를 종이에 인쇄해서 풀게 하였더니 종이 시험지로 문제를 푼 집단에서 점수가 더 높은 결과를 얻었다.

노르웨이의 연구에서는 단편 소설을 화면으로 읽은 집단과 종이책으로 읽은 집단을 비교했다. 종이책으로 단편 소설을 읽은 집단이 줄거리를 시간상으로 재구성하는 능력이 더 좋았다. 화면으로 소설을 읽은 집단은 간과하기 쉬운 세부적인 사건의 순서를 놓치는 경향이 있었고, 대충 읽으면서 이야기의 구체성과 공간성이 결여되어 있었다. 이 결과는 인간의 두뇌에서 기억이 형성되는 과정이 시간적 정보(Temporal Information)와 공간적 정보(Spatial Information)의 결합을 통해서 내비피질－해마 회로(Entorhinal cortex － Hippocampus Circuits)에서 이루어지는데, 화면 읽기에서는 종이책 읽기에 비해 시간과 공간 정보를 동기화시켜서 처리하는 과정에 어려움이 있기 때문으로 추측된다.

1. 읽기의 의미

또한, 이 연구에서는 글의 길이에 따른 이해력의 차이도 알아보았는데 글이 짧을 때는 매체에 따른 이해력의 차이가 없었지만, 글이 길어지면 매체에 따른 이해력의 차이가 크게 나타났다.

이스라엘의 연구에서도 비슷한 결과가 나왔는데, 글을 화면으로 읽었을 때보다 종이책으로 읽었을 때 이해도가 높았다. 이스라엘의 타미 카치르(Tami Katzir)는 초등학교 5학년 학생들을 대상으로 증강 현실[3]을 이용한 책 읽기를 연구하였는데, 읽기가 아직 초보 수준인 초등학생들에게 증강 현실 읽기는 주의를 분산하여 줄거리를 재구성하거나 세부 내용을 기억하지 못하게 만들어 이해력이 떨어지는 결과를 초래하였다. 따라서 증강 현실 읽기는 초보 독서가의 독서 기술 향상에 별로 도움이 되지 못했다.

읽기를 하는 동안 기능성 MRI(Magnetic Resonance Image)를 이용하여 활성화되는 두뇌 부위를 조사한 연구도 있다. 종이책 읽기를 하는 동안에는 촉각을 담당하는 두뇌 영역이 활성화되었지만, 화면 읽기에서는 촉각을 담당하는 두뇌 부위가 활성화되지 않았다. 이는 화면 읽기와 종이책 읽기에서 단어를 이해하는 방식에 차이가 있음을 시사하는 결과로 종이책 읽기와 화면 읽기의 읽기회로가 서로 다른 회로임을 의미하는 것이기도 하다.

---

3) 증강현실(Augmented Reality) : 현실의 이미지나 배경에 3차원 가상 이미지를 겹쳐서 하나의 영상으로 보여 주는 기술.

화면 읽기와 작문

앞에서도 언급했지만, 화면 읽기를 할 때는 대개 'F자 형태'로 읽거나 '지그재그 형태'로 읽으면서 핵심 단어만 읽고 나머지는 건너뛰면서 읽게 된다. 이런 형태의 읽기를 하면 글의 내용 속에 들어 있는 논증이나 증거들을 대충 보면서 지나가게 되고 글의 내용을 자신의 배경지식과 연결해서 정확히 이해하지 못하는 결과를 가져온다. 이러한 수박 겉핥기식 읽기는 책 속의 지식을 자신의 지식 저장 창고에 풍요롭게 채우지 못하기 때문에 글쓰기를 할 때도 간결하면서도 자신의 의도를 정확히 전달하는 글을 쓰기 어렵게 만든다. 작문할 때 완성도와 설득력이 떨어지는 글을 쓰게 되는 것이다. 글을 쓰는 작가는 자기 생각을 탐구하면서 간결하고도 응축된, 독자가 잊을 수 없는 문장을 찾기 위해서 끊임없이 노력해야 한다. 그러나 배경지식과 독서를 통해 터득할 수 있는 깊은 사고 능력이 부족하면 그런 노력을 할 수 없으므로 훌륭한 작가가 될 수 없다.

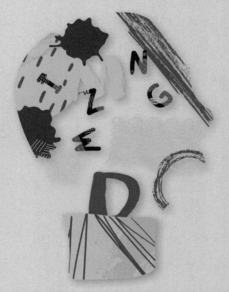

발달과 학습에 대하여 –
'읽기' 능력을 습득하는 것은
발달인가, 학습인가?

사전적 의미로 발달은 특별히 배우지 않더라도 자신이 살아가는 환경 속에서 환경과의 상호작용을 통해 심리 구조와 두뇌 기능이 향상되는 것이고, 학습은 배우고 연습해서 영속적인 행동의 변화를 만들어내는 것이다. 그런데 다른 사람들과 똑같은 환경과 조건 속에서 살았는데도 남들만큼 두뇌 기능이 향상되지 못하는 경우가 있고, 무언가를 열심히 배웠는데도 그것을 할 줄 모르는 경우도 있다. 살아가기만 하면 저절로 향상되어야 할 두뇌 기능이 만들어지지 않으면 발달장애, 아무리 배워도 할 줄 모른다면 학습장애라고 할 수 있다.

의사소통 수단으로써의 언어 가운데 몸짓언어와 구어언어는 배우지 않아도 적절한 모국어 환경 속에서 살기만 하면 습득해서 사용할 수 있는 두뇌 기능 중 하나이다. 하지만 읽기라는 의사소통 수단은 배워야만 그 능력을 획득할 수 있는 두뇌 기능이다. 즉, 언어는 발달이라고 말할 수 있고 읽기는 학습에 해당한다고 볼 수 있다. 따라서 언어 능력에 문제가 있으면 '언어발달장애'라고 하고, 난독증이 있어 읽기를 아무리 배워도 잘 읽을 수 없으면 '읽기학습장애'라고 한다.

그런데 읽기를 배워 두뇌 안에 읽기회로를 형성시키는 과정은 언어회로를 바탕으로 이루어지기 때문에 읽기능력의 습득은 정상적인 언어와 인지 기능의 발달을 기반으로 해서 학습을 통해 이루어진다. 즉, 난독증이라는 읽기장애는 특정학습장애(Specific Learning Disorder)이면서 국소적인 신경 발달의 장애 (Neurodevelopmental Disorder)라고 할 수 있다.

학습으로 터득하는 읽기는 배워야 한다는 의미에서는 분명 학습이다. 하지만 읽기를 배워서 잘 읽는다고 해서 유식하다거나 풍부한 전문지식을 가진 전문가라고 하지는 않는다. 왜냐하면, 읽기는 그 자체가 지식이나 학문이 아니라 세상의 다양한 지식과 정보를 두뇌 안으로 입력하는 도구(기술)이기 때문이다.

누구든지 처음 학교에 들어가면서부터 읽기를 배우게 되지만, 아무리 애를 써도 남들만큼 읽기능력이 향상되지 못하는 사람들이 있다. 또한, 읽기능력이 부족하다고 해도 그 부족의 정도는 사람마다 많은 차이가 있다.

초등학교 교과 과정을 큰 틀에서 살펴보면 그 과정은 1, 2학년 때는 '읽기', '쓰기', '계산하기'라는 향후 지식 습득을 위한 세 가지 기술(Learning skills)을 배우기 시작하여, 3학년 때는 그 기술들을 능숙하게 사용할 수 있도록 훈련한 다음, 4학년 때부터는 '읽기', '쓰기', '계산하기'라는 도구를 이용하여 지식을 습득하기 시작하는 과정이다.

여기서 어떤 학생이 초등학교, 중학교, 고등학교의 총 12년 동안 공부를 열심히 해서 원하는 명문대학교에 입학하는 과정을 농부가 농사를 12년 동안 열심히 지어서 농작물을 수확하여 수익을 올리는 과정과 비교해서 생각해 보자. 학생들은 초등학교에 입학하여 3학년 때까지 3년 동안 '읽기'라는 농기구를 개발하여, 4학년 때부터는 그 농기구를 이용해서 농사를 짓듯이 지식을 습득한다. 그리고는 12년 동안 교과 과정을 거치면서 고등학교 과정을 마칠 때까지 습득한 지식을 이용하여 대학입시를 치르고 대학교에 입학하게 된다. 그런데 이 과정에서 '읽기'라는 농기구를 개발하는 초등학교 1학년부터 3학년까지 3년 동안 어떤 학생은 경운기를, 어떤 학생은 곡괭이를, 어떤 학생은 호미를 개발하게 되고, 심지어 어떤 학생은 읽기를 아예 못하는 맨손 상태인 경우도 있을 것이다. 따라서 고등학교를 졸업할 때까지 경운기로 밭을 갈며 농사를 지은 학생과 곡괭이나 호미로 농사를 지은 학생의 수확량이 똑같을 수 없듯이 대학입시의 결과도 경운기급 읽기능력을 가진 사람과 호미급 읽기능력을 가진 사람이 같은 학교, 같은 선생님께 배워서 같은 시간 동안 시험공부를 한다고 해도 결과에서는 차이가 날 수밖에 없는 것이다.

이렇듯 초등학교 3학년까지의 3년 동안은 학습을 시작하는 시기이지만, 지식을 습득한다기보다는 향후 자신에게 필요한 지식을 쉽고 빠르게 습득하기 위한(농사를 짓기 위한) 학습 기술을(농기구를) 연마하는 기간인 것이다. 그런데 이 기간 동안 남들보다 훨씬 부족한 기능을 가진 농기구를 개발한 사람은 남들보다 큰 노력을 쏟아부어도 남들만큼의 성과를 거둘 수 없게 된다.

3

읽기 습득의
신경생물학적 전제 조건들

뭔가를 배워서 할 줄 알게 된다는 것은 인체 밖의 정보나 지식을 두뇌 안으로 입력하여 항상 기억하고 있다가 필요할 때는 언제든지 꺼내 사용할 수 있게 되는 것을 의미한다. 따라서 읽기를 할 수 있게 되었다는 것은 읽기에 필요한 지식과 정보를 두뇌 안에 입력하여 사용 가능한 상태로 저장하고 있다는 것을 의미한다.

생물학적 관점에서 볼 때, 인간의 두뇌 안에 정보를 입력하기 위해서는 온전한 감각기관이 있어야 한다. 그다음에는 감각기관을 통해 들어온 정보가 말초신경을 통해 두뇌 안으로 보내지므로 감각기관과 중추신경을 연결하는 말초신경이 있어야 하며, 입력된 정보가 무엇인지를 알아내기 위해 두뇌를 포함한 중추 신경이 있어야 한다. 또한, 중추신경의 두뇌 안에서는 그 정보가 무엇인지를 정확히 구별하는 작업을 하게 되는데, 이때 작업을 수행하는 과정은 두뇌 여러 영역의 수많은 뉴런이 관여한다. 두뇌 여러 영역의 많은 뉴런이 협업하려면 두뇌 속의 여러 신경세포를 연결하는 연결망인 신경회로(Neural Networks)가 형성되어 있어야 한다.

우리가 사는 환경은 수많은 자극이 우리가 가진 감각기관들의 문을 두드리고 있다. 감각기관의 문을 통과한 환경자극(정보)들은 두뇌 안에서 감지되는데, 그것을 우리는 감각(Sensory)이라고 한다. 두뇌 안으로 들어온 정보가 감지되었다고 해도 그 정보가 무엇인지를 아는 것은 또 별개의 문제이다. 뇌에서 감지된 감각 정보가 무엇인지를 정확히 알아내는 것은 감각이 아니라 인지(Perception)이다.

'읽기'라는 능력을 습득하는 과정도 먼저 시각 정보로 만들어진 자음과 모음에 해당하는 문자소(한 개의 상징적인 의미를 나타내는 문자화된 코드)들의 형태와 그에 상응하는 소리를 두뇌 속에 입력하여 저장하고 있다가, 읽을 때 시각 정보로 만들어진 자음과 모음인 문자암호를 해독하여 소리 정보로 바꾼 다음 그 소리 정보들을 구어언어로 바꾸어 이해하는 과정이라 할 수 있다.

두뇌가 '책 읽기'를 수행하기 위해서는 인쇄된 문자가 눈이라는 감각기관을 통과하여 시각 정보의 형태로 두뇌에 전달되어 감지되어야 하고, 두뇌 안으로 들어온 시각 정보는 눈에 보이는 모양에 따라 그에 상응하는 소리 정보로 변환되어야 하며, 그 소리 정보는 우리의 언어회로 안에 있는 언어 정보의 소리와 동기화되어 구어언어로 이해되어야 한다.

즉, 우리가 '책 읽기'를 제대로 습득하기 위해서는 외부 정보를 입력하는 기관인 감각기관과 감각기관에서 중추신경을 연결하는 말초신경, 그리고 들어온 시각 정보의 정확하고 빠른 감지와 감지된 정보들의 특성들을 정확히 구별해서 알아내는 인지에 연관된 신경회로와 언어회로가 중추신경 속에 기본적으로 갖추어져 있어야 한다.

3. 읽기 습득의 신경생물학적 전제 조건들

자극과 감각과 인지의 관계

환경 속에는 무수히 많은 자극이 있는데 인간의 감각기관을 통과할 수 없는 자극들은 감지도, 인지도 될 수 없고, 감각기관을 통과할 수 있는 자극들은 감각기관을 통과하여 중추신경에 전달된다. 감각기관을 통과하여 중추신경에서 감지된 자극들은 두뇌 안에서 인지될 수 있지만, 인지될 수 없는 경우도 있다. 여기서 자극의 인지에 대한 몇 가지 예를 들어 보겠다.

① 존재하는 자극이 감각 기관을 통해 두뇌로 들어가 인지되는 경우

: 자극(stimulus)이 있고(O) → 자극이 감각(sensory)기관을 통과하여(O) → 인지(perception)된다(O).

② 존재하는 자극이 감각기관을 통해 들어가 감지는 되었으나 그 자극이 무엇인지는 모르는 경우

: 혈중 이산화탄소 농도는 인지되지는 않지만, 중추신경에서 감지되어 심장 박동과 호흡을 조절하여 혈중 이산화탄소 농도를 낮춘다.

이는 자극(stimulus)이 있고(O) → 자극이 감각(sensory)기관을 통과했으나(O) → 인지(perception)되지 않는 경우이다(X).

③ 자극이 존재하지 않아서 감각기관으로 들어간 정보가
   없는데 인지가 일어나는 경우

: 한쪽 다리를 잃은 환상사지 환자는 존재하지 않는 다리
의 통증을 인지한다.

이는 자극(stimulus)이 없어서(X) → 감각(sensory)기관을
통과한 자극이 없는데(X) → 인지(perception)가 일어나
는 경우이다(O).

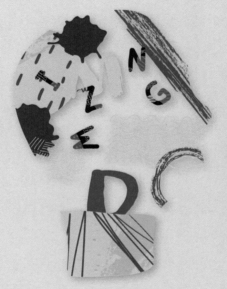

4

신경회로
(Neural Networks)란?

인간이 어떤 작업을 수행하기 위해서는 그 일과 연관된 두뇌 여러 영역의 수많은 뉴런이 서로 정보를 주고받아야 한다.

인간의 두뇌에는 신생아든, 성인이든 거의 비슷하게 약 천억 개의 뉴런이 있다. 그런데도 신생아가 성인과 비교해서 할 수 있는 일이 별로 없는 이유는 어떤 일을 할 때 그에 관여하는 뉴런들의 연결망이 없기 때문이다.

신생아가 말을 할 수 없는 이유는 아직 언어회로가 형성되지 않았기 때문이며, 듣고 말하는 것으로 이루어진 구어언어 생활을 하기 위한 언어회로의 연결은 적절한 시기(민감기 : Sensitive period)에 충분한 언어 자극이 있어야 이루어진다.

일반적으로 무언가를 할 줄 알게 된다는 것은 두뇌에서 그 일을 하는 데 관여하는 뉴런들끼리 연결되어 뉴런 간에 정보전 달을 할 수 있게 되었다는 것을 의미하며, 이렇게 정보전달이 불가능했던 신경세포들끼리의 연결이 정보전달이 가능한 신경 세포들의 연결로 바뀌는 두뇌 성질을 '신경가소성(Neuroplasti-city)'이라고 한다. 이 과정은 뉴런들에게 강하고 반복적인 자극이 들어가야 일어난다.

민감기

유아의 발달 과정 중 일정한 기간 동안 특별히 환경에 몰입하여 흡수를 잘하고 학습 준비가 잘 되는 시기를 말한다. 민감기는 오래 지속되지 않으며 특정 학습에 대한 민감기가 일어난 다음에는 그 학습을 용이하게 하는 민감기는 다시 일어나지 않는다.

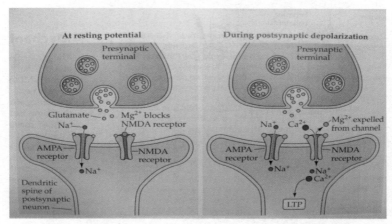

〈그림 2-1. 신경가소성(Neuroscience 5th. Edition) : 정보 전달이 불가능한 시냅스에 강한 자극이 반복되면 시냅스후뉴런(Postsynaptic Neuron)에서 탈분극(Depolarization)이 일어난다)[4]

---

4)   FIGURE 8.3 Signaling mechanisms underlying LTP. During glutamate release, the NMDA channel opens only if the postsynaptic cell is sufficiently depolarized. The Ca2+ ions that enter the cell through the channel activate postsynaptic protein kinases such as CaMKII and PKC. These postsynaptic kinases trigger a series of reactions that lead to insertion of new AMPA receptors into the postsynaptic spine and an increase in the spine's sensitivity to glutamate.

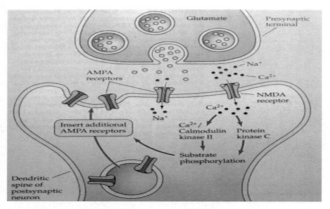

〈그림 2-2. 신경가소성(Neuroscience 5th. Edition) : 시냅스후뉴런에서
탈분극이 일어나면 칼슘을 촉매로 하는 연쇄 반응에 의해 AMPA수용
체가 만들어져 정보전달이 가능한 시냅스로 바뀐다〉

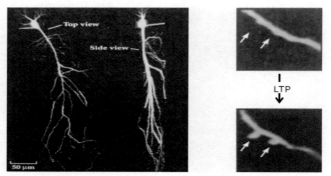

〈그림 2-3. 신경가소성(Neuroscience 5th. Edition) : 자극에 의해 쥐의
뇌세포에서 생겨난 수용체의 현미경 사진〉

그러므로 읽기능력을 갖추기 위해서는 읽기를 가르치고 훈련
시켜야 하는 것이다. 대부분의 아이는 보통의 제도권 학교에서

가르치는 읽기 학습 방법으로 읽기를 가르쳤을 때 두뇌 안에 읽기회로가 형성되면서 읽기능력을 터득한다. 그런데 일부 아이들은 보통의 읽기 교수법으로 아무리 읽기를 가르쳐도 읽기를 터득하지 못하는 경우가 생기고, 이를 난독증이라고 한다. 그렇다면 왜 난독증이라는 일이 벌어지는지를 알기 위해 읽기회로에 대해 이야기해 보겠다.

4. 신경회로(Neural Networks)란?

5

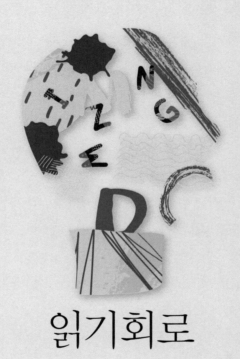

읽기회로

우리가 어떤 작업을 수행하기 위해서는 그 작업에 관여하는 신경회로가 있어야 하므로, '읽기'라는 작업을 수행하기 위해서는 두뇌 안에 당연히 읽기회로가 있어야 한다.

누구든지 태어날 때는 읽기회로가 없이 태어나서 학교에 들어갈 무렵부터 읽기를 배우기 시작하면 그때부터 읽기회로가 형성되기 시작한다. 자음과 모음의 형태에 맞추어 각각의 문자소(Grapheme)가 어떤 소리인지를 연결하는 교육을 하고, 각각의 문자소(Grapheme)에 상응하는 음소[5]의 관계를 파악하는 연습, 즉 문자소별 소리 인지와 인지된 소리의 발성 연습을 통해 좌뇌에 문자 해독 회로[6]가 형성되기 시작하여 그 회로가 언어회로와 연결되면서 정상적인 읽기회로가 만들어진다.

참고로 나의 경험에 의하면 내가 직접 읽기회로의 형성 상태를 기능성 MRI 촬영을 통해 확인하지는 못했지만, 난독증 아이들에게 명확하고 큰 소리로 'ㄱ', 'ㄴ', 'ㄷ', 'ㄹ' … 'ㅏ', 'ㅑ', 'ㅓ', 'ㅕ' 등을 읽도록 교육했을 때 작은 목소리의 불분명하고 흐릿한 발음으로 읽도록 교육했을 때보다 읽기 습득이 더 정확하고 빨랐다. 나는 그래서 초기 읽기 교육은 명료도 높고 큰 목소리로 소리 내어 읽기를 시켜야 한다고 생각한다.

---

5)　　음소 : 더 이상 작게 나눌 수 없는 음운론상의 최소 단위(Phoneme).
6)　　문자 해독 회로 : 문자를 보고 구어단어로 바꾸는 회로.

앞에서 언급했듯이 문자는 인류에게 구어언어를 기록할 필요성이 생겨 인류가 만들어낸 눈으로 보는 시각 정보로 구성된 암호이다. 두뇌가 책을 읽고 무슨 내용인지를 이해하는 과정은 문자라는 시각적 암호를 두뇌 안에서 소리(음성코드 : phonetic code)로 바꾸어 그 소리의 미세한 차이를 인지하여 말소리로 바꾼 후 구어언어로 이해하는 것이다. 눈으로 글자의 형태를 보고 글자 안에 있는 문자소(Grapheme)를 인식하고, 그 문자소를 음소(Phoneme)로 변환한 후, 음소들을 조립하여 음절을 만든 다음에 구어단어로 인식한다. 이렇게 인식된 구어단어들을 가지고 지능과 어휘력과 추론 능력을 동원하여 전체적인 글의 의미를 파악하게 되는 것이다.

이 과정에서 하나의 글자 안에 들어 있는 시각적 형태인 문자소들을 시각적으로 분리해서 인지하는 것까지는 문제가 없는데, 말소리 가운데 음절을 구성하는 음소들을 청각적으로 정확하고 빠르게 구분하지 못하는 사람이 있다고 하자. 그러면 그 사람은 눈으로 본 문자소를 어떤 소리에 대응시켜야 할지 몰라 발음을 할 수가 없게 되고, 이런 문제가 그 사람으로 하여금 문자를 해독하는 것을 불완전하거나 불가능하게 만든다.

학동기가 되었는데도 글자 안에 있는 문자소를 시각적으로 분리해서 인지하는 것이 어려운 아이들은 아주 소수이다. 그렇지만 음절 속에서 구성 음소를 청각적으로 분리하여 인지하는 데 어려움이 있는 아이들은 비교적 흔하다. 실제 난독증이 있는 아이들에게 글자를 보여 주면서 소리 내어 읽어보라고 하면 읽지는 못하지만, 베껴 쓰라고 하면 비슷한 모양으로 쓸 수 있는 경우를 흔히 본다.

따라서 어린아이의 읽기 시작은 말소리의 최소 단위인 음소 인식부터 이루어져야 한다. 읽기 작업은 먼저 구어단어를 쪼갰을 때 음절보다 더 작은 소리의 단위인 음소들이 있다는 사실을 이해한 다음, 구어단어 속의 음소와 쓰여 있는 문자의 문자소를 연결할 수 있어야 한다. 그리고 음소들이 모여 만들어진 음절을 인식하고, 음절들의 조합으로 만들어진 단어를 이해할 수 있어야 한다.

문자소, 음소, 음절, 문장

① 문자소(Grapheme)
: 음소를 나타내는 하나의 글자 또는 여러 글자의 조합(A letter or combination of letters that represents a phoneme).

② 음소(Phoneme)
: 언어에서 소리의 가장 작은 단위(The smallest unit of sound in a language).

③ 음절(Syllable)
: 하나의 종합된 음의 느낌을 주는 말소리의 단위. 몇 개의 음소들로 이루어지며, 모음은 단독으로 한 음절이 되기도 한다. '아침'의 '아'와 '침' 따위이다.

④ 문장(Sentence)
: 생각이나 감정을 말로 표현할 때 완결된 내용을 나타내는 최소 단위.
문법적으로 충분히 독립된 단위로서 하나의 단어, 혹은 통사적으로 서로 관련된 단어들의 집합으로 구성되는 문법 단위.

이러한 과정은 두뇌 안의 여러 영역에 걸친 많은 두뇌 자원을 이용하여 이루어지게 된다. 읽기를 습득하기 위해서는 시각 영역, 청각 영역, 시각과 청각의 연합 영역, 운동 영역, 언어회로

등이 관여하게 되므로, 읽기 학습 이전에 먼저 이들 영역을 연결하는 효율적인 회로가 형성되어 있어야 한다.

신경세포가 정보를 전달하는 과정을 보면 하나의 단일 신경세포 안에서는 전기적 신호(전류)로 이루어지고 여러 신경세포 사이에서는 신경전달물질(Neurotransmitter)을 매개로 하여 이루어진다. 수십억 또는 수백억 개의 뉴런들이 정보를 정확하고 빠르게 전달하려면 일사불란하게 뉴런들이 전기적, 화학적 신호들을 주고받아야 한다.

이 세상에 읽기능력을 날 때부터 가지고 태어나는 사람은 없다. 누구든지 태어날 때는 두뇌 안에 읽기회로가 없는 것이다. 학교에 들어갈 때가 되어 자음의 문자소 'ㄱ'을 보여 주면서 이렇게 생긴 걸 '기역'이라고 알려주고, 자음의 문자소 'ㄴ'을 보여주면서 이렇게 생긴 건 '니은'이라고 알려주고, 모음의 문자소 'ㅏ'를 보여 주고 이렇게 생긴 건 '아'라고 알려주고, 모음의 문자소 'ㅓ'를 보여 주면서 이렇게 생긴 건 '어'라고 가르쳐 준 다음, 'ㄱ'에 'ㅏ'가 합쳐지면 '가'라 읽고, 'ㄴ'에 'ㅓ'가 합쳐지면 '너'라고 읽는다는 것을 알려주면서 계속 반복하여 읽기를 연습하면 좌뇌에 정상적인 읽기회로가 형성된다. 이렇게 파닉스(Phonics)에 맞춰 읽기 교육을 하면 대개 정상적인 읽기회로가 형성되는 것이다.

말을 처음 배우는 유아가 옹알이 단계를 거쳐서 단어를 배울 때는 음소는 인지하지 못한 채 음절 단위로 단어를 인지하여 익혀서 의사소통에 이용한다. 그런데 읽기를 배우기 시작하는 시기가 된 만 5세 어린아이가 구어언어 속에 들어 있는 소리의 최소 단위가 음절보다 더 작은 단위인 음소라는 것을 인지할 수 없는 경우가 있다. 이런 경우의 아이는 음절을 쪼개어 인지할 수 없으므로 일반적인 읽기 학습법으로 읽기를 가르쳐도 문자소를 눈으로 보면서 음소에 연결할 수가 없다. 따라서 정상 읽기회로가 형성될 수 없다. 즉, 만 5세 이전의 아이들 가운데는 많은 수의 아이가 구어언어의 음절을 쪼갤 수 없어 말소리의 최소 단위가 음소가 아닌 음절로 말소리를 인지하기 때문에 읽기를 이 상태에서 가르치면 글을 읽을 때 상징을 읽는 것처럼 각각의 음절을 통째로 읽을(상징 읽기 : Logographic Reading) 수는 있지만, 파닉스에 맞춰서 읽는 것은 배울 수가 없다.

말소리의 음절을 쪼개어 음소를 인지하는 능력이 남들보다 이른 나이에 발달해서 음운 규칙에 맞춘 읽기 학습이 네 돌 생일쯤부터 가능한 아이들도 있지만, 반대로 여섯 돌 생일이 넘어 읽기를 배울 시기가 지났는데도 불구하고 음절 속의 음소를 인지하지 못해서 파닉스에 맞춘 읽기가 아무리 애를 써도 불가능한 아이들도 있다.

1) 정상인의 읽기회로

난독증 환자가 존재한다는 것이 알려진 지 300년이 넘고, 'Dyslexia(난독증)'라는 용어가 처음 만들어진 지 100여 년이 지나는 동안 두뇌가 책을 읽을 때 두뇌 안에서 어떤 일이 벌어지는지, 두뇌의 어느 부위가 읽기 작업에 관여하는지를 세상 사람 모두 전혀 알지 못했다. 그런데 최근 30~40년 사이에 뇌 영상 기술이 눈부시게 발달하였고, 영상 기술의 발달뿐만 아니라 신경과학 전반에 걸친 큰 발전이 있으면서 책을 읽을 때 두뇌에서 일어나는 여러 가지 과정들이 밝혀졌고, 독서에 관여하는 두뇌 영역들이 알려지게 되었다.

두뇌가 책을 읽을 때 관여하는 두뇌 영역들과 읽기회로를 알아내는 데 결정적 역할을 한 것은 1980년대에 개발된 자기공명영상(Magnetic Resonance Image : MRI)이다. 특히 기능성 자기공명영상(functional Magnetic Resonance Image : fMRI)과 양전자 단층촬영(Positron – Emitting Tomography : PET) 기술의 발전은 정상인과 난독증인이 독서할 때 각각 두뇌의 어느 영역이 활성화되는지를 알아내는 데 결정적 역할을 해 줌으로써 정상인과 난독증인의 읽기회로와 그 차이를 알 수 있게 해 주었다.

이제 정상인의 읽기 영역들에 대해 알아보자.

정상인의 읽기 영역들은 크게 세 영역이 있다.

그 영역은 좌뇌 후두 – 측두(Occipito – Temporal) 영역, 좌뇌 두정 – 측두(Parieto – Temporal) 영역, 좌뇌 하전두(Inferior Frontal : Broca) 영역이다.

이제 두뇌가 책을 읽는 과정에서 이들 세 영역이 어떤 역할을 하는지 알아보자.

우리가 눈으로 문자를 보면 눈에 보이는 문자의 모양에 해당하는 시각 정보가 눈으로 들어오고, 그 시각 정보는 좌뇌의 후두 – 측두 영역으로 전달되어 그 문자단어의 형태(Form)를 인지한다. 인지된 문자단어의 형태에 대한 정보는 좌뇌의 두정 – 측두 영역으로 보내져 소리 정보 형태로 바뀌면서 소리 단어로 변환된 후 좌뇌 하전두 영역으로 보내진다. 좌뇌 하전두 영역에 전해진 소리 정보는 구어언어로 이해된다.

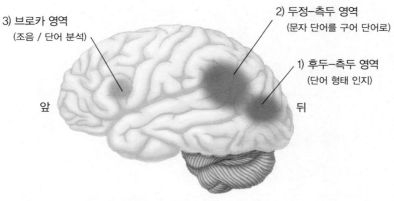

3) 브로카 영역
(조음 / 단어 분석)

2) 두정–측두 영역
(문자 단어를 구어 단어로)

1) 후두–측두 영역
(단어 형태 인지)

앞   뒤

〈그림 3. 정상인의 읽기회로(뇌를 좌측에서 바라본 그림)〉

두뇌 속 세 곳의 읽기 영역을 〈그림 3〉과 함께 파악해 보면
다음과 같다.

① **좌뇌 후두 – 측두(Occipito – Temporal) 영역**
　: 시각 영역의 무엇 경로(What Pathway)에 포함되는
　영역으로 문자나 단어의 형태(모양)를 인지하는 영역
　이다. 자동사전이 형성되는 영역이기도 하다.

② **좌뇌 두정 – 측두(Parieto – Temporal) 영역**
　: 문자단어를 분석하고 분해해서 그 글자들을 소리와
　연결하여 눈에 보이는 문자단어를 구어단어로 바꿔
　주는 영역이다.

③ **좌뇌 하전두(Inferior Frontal) 영역(브로카 영역)**
　: 단어와 문장을 분석해서 의미를 파악하는 영역이다.
　소리 내어 읽기에서 조음에 관여한다.

2) 자동사전 영역

　정상인이 생소한 문자단어를 읽을 때는 읽기에 관여하는 세
곳의 두뇌 영역이 모두 관여하여 '읽기'라는 작업을 수행하는

데, 익숙한 문자단어(확실하게 의미를 알고 있는 단어)를 읽을 때
는 읽기 영역 세 곳 가운데 좌뇌 두정－측두 영역과 좌뇌 하전
두 영역은 읽기에 참여하지 않고, 단어의 형태를 인지하는 영역
인 좌뇌 후두－측두 영역 한 곳만 읽기에 관여한다.

　이는 처음 접하는 단어를 읽을 때는 문자단어를 눈으로 보면
서 좌뇌 세 곳의 읽기 영역이 모두 관여하여 읽게 되는데, 같은
문자단어를 반복해서 읽다 보면(대개 사람에 따라 4회에서 15회
정도 반복해서 읽으면 저장된다고 한다) 그 생소했던 단어의 의미
와 관련 정보까지도 좌뇌 후두－측두 영역에 저장되고, 저장이
이루어진 이후에는 눈으로 문자단어를 보는 순간 읽기 영역 세
곳 가운데 두 곳(좌뇌 두정－측두 영역과 좌뇌 하전두 영역)은 읽
기 작업에 관여하지 않고, 형태 인지 영역인 좌뇌 후두－측두
영역만 읽기에 관여하여 그 단어의 의미와 관련 정보를 빠르고
정확하게 알게 된다.

　즉, 우리가 눈으로 보기만 하면 읽기를 거부할 수 없어서 자
동으로 읽을 수밖에 없는 단어들[7]이 좌뇌 후두－측두 영역에
저장되며, 이를 읽기 '자동사전'이라고 한다.

　자동사전의 형성은 단어 창고를 구축하는 것과 같다. 정상인

---

7)　　일견 단어 : 낱말 재인 시 낱말을 흘깃 보는 것만으로도 그 의미를 파악
　　할 수 있는 단어.

은 많은 책을 읽으면서 수천 개의 단어를 해독하는 일에 계속 성공하면서 단어 창고에 단어들을 점점 쌓게 된다. 단어 창고에 저장된 문자단어들은 읽으려는 의도 없이 눈으로 보기만 하면 그 문자단어와 관련된 모든 정보를 활성화하여 이해할 수 있다. 예를 들어, '대한민국'이라는 글자를 눈으로 보면 '나라 이름', '내 조국', '인구 약 오천만 명', '수도는 서울' 등의 의미를 떠올리면서 문장 안에서 문맥상 어떤 의미로 쓰였는지까지 두뇌 다른 부위의 도움 없이 좌뇌 후두-측두 영역의 자동사전만을 이용해 즉시 알게 되는 것이다. 이 과정은 의식적인 생각이나 노력 없이 자동으로 일어난다. 따라서 자동사전에 저장된 어휘가 풍부해지면 읽기에 가속도가 붙게 된다. 자동사전이 작동하면 '책상', '의자', '가방', '자동차' 등과 같이 흔히 접하는 단어는 읽으려는 의도가 전혀 없이 그냥 눈으로 보기만 해도 의미 파악이 되고, 일단 눈으로 본 후에는 읽지 않으려고 발버둥을 쳐도 읽기를 거부할 수 없다.

반면 읽기를 처음 배우는 아이들은 자동사전이 부실하여 읽을 때 느리고 분석적인 좌뇌 두정-측두 영역과 좌뇌 하전두 영역을 많이 사용하기 때문에 읽기 속도가 느릴 수밖에 없다. 즉, 유창한 읽기가 안 되는 것이다.

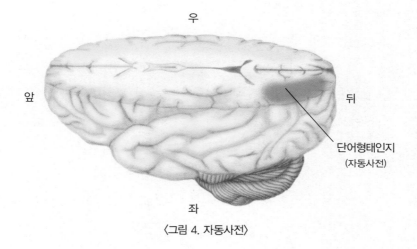

우

앞   뒤

                                    단어형태인지
                                    (자동사전)

좌

〈그림 4. 자동사전〉

3) 난독증인의 읽기회로 시스템

난독증인은 정상 읽기를 하는 사람들이 가지고 있는 세 개의 읽기 영역을 연결하는 읽기회로를 가지고 있지 않다. 읽기 학습을 시작하면서 좌뇌에 정상 읽기회로가 형성되지 않은 것이다. 대신 난독증인은 우뇌의 후두−측두 영역과 우뇌 전두 영역을 연결하는 보상적인 읽기회로 시스템이 만들어진다. 이들은 읽을 때 속으로 말을 해서(속발음, Sub−vocalization) 구어 조음 과정을 읽기 보조 수단으로 이용하기 때문에 읽을 때 브로카 영역의 과활성화도 일어난다. 즉, 읽을 때 보상회로를 사용하면서 좌뇌 하전두의 브로카 영역을 정상인보다 넓고 많이 사용하면서 읽는 것이다.

공부를 많이 한 난독증인은 나이가 들어감에 따라 읽을 때 양측 전두부의 이용이 점차 많아지면서 양측 전두부의 읽기 보상회로가 더 많이 발달한다. 그렇더라도 이 보상회로는 정상회로보다 효율이 낮아서 정확성이 부족하기 때문에 읽을 때 상당한 주의 집중이 요구되고, 이로 인해 읽을 때 과도한 에너지가 소모된다. 따라서 읽기를 피곤하게 느낄 수밖에 없다.

또한, 난독증인은 좌뇌 후두－측두 부분에 있어야 할 읽기회로 시스템의 결함으로 인해 생겨야 할 '단어 저장 창고'인 자동 사전이 형성되지 않아, 눈으로 책을 보기만 해도 의미가 떠올라야 할 단어들이 빈약하여 정확하고 유창한 독서를 할 수 없다.

반면에 난독증이 없는 정상인은 독서를 하면 할수록 단어 저장 창고가 풍부해져 좌뇌 앞쪽 부분보다 좌뇌 후두 부분을 점점 더 많이 사용하게 된다.

낭독과 묵독의 역사

인류가 문자를 발명하여 사용해 온 독서의 역사 초기에는 사람이 묵독을 한다는 것이 불가능하고 낭독으로 읽는 것만 가능했다고 한다. 전체적으로 7천 년 정도 되는 문자의 역사 속에서 묵독은 최근에나 가능해진 인간의 능력인 것이다.

아르헨티나 작가 알베르토 망구엘이 쓴 『독서의 역사』라는 책을 보면, 기원전 330년경 알렉산더 대왕이 전쟁터에서 편지를 받아 읽었는데, 소리 내지 않고 묵독으로 편지를 읽던 알렉산더 대왕이 어머니가 돌아가셨다는 편지 내용을 알고 나서 눈물을 흘리는 모습을 본 신하들이 어떻게 사람이 소리 내지 않고 글을 읽을 수가 있냐면서 모두가 놀랐다는 일화가 있다. 자료에 의하면 인류의 읽기는 문자 발명 초기부터 수천 년 동안 낭독뿐이었다. 이후 인류가 묵독으로 읽을 수 있게 된 시기를 서양에서는 10세기 정도부터로 알려져 있고, 우리나라에서는 인구가 밀집되는 도시화가 이루어진 18세기 정도부터라고 생각하고 있다.

| 난독증 |

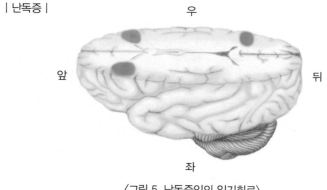

〈그림 5. 난독증인의 읽기회로〉

4) 정상인과 난독증인의 읽기회로 비교

정상인과 난독증인의 읽기회로에 대해 정리하면 다음과 같다.

책을 유창하게 잘 읽는 사람은 정상적으로 좌뇌에 존재하는 좌뇌의 뒤쪽과 앞쪽을 포함하는 고도로 상호 연결된 신경 시스템을 사용하여 효율적이고 유창한 독서를 할 수 있다. 반면에 난독증을 가진 사람은 정상적인 좌뇌 읽기회로가 없어 연결 상태가 좋지 않은 우뇌의 보상회로를 사용하여 읽음으로써 음운론적 취약성을 보이면서 문자 해독에 어려움을 겪게 되고, 단어 재인[8]이 힘들어져 읽고 이해하는 데 어려움을 겪는 것이다.

---

8)   단어 재인 : 기억 활동의 한 형태로, 개인이 현재 대하고 있는 인물, 사물, 현상, 정보 등을 과거에 보았거나 접촉했던 경험이 있음을 기억해 내는 인지 활동.

| 좌측에서 바라본 뇌 그림 |

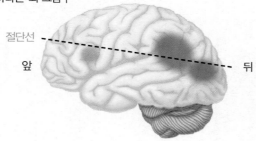

| 정상인의 읽기회로 |

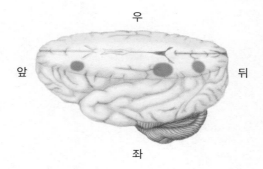

| 난독증인의 읽기회로 |

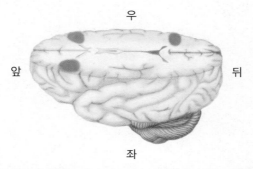

〈그림 6. 정상인과 난독증인의 읽기회로 비교(뇌를 좌측에서 바라본 그림)〉

5. 읽기회로

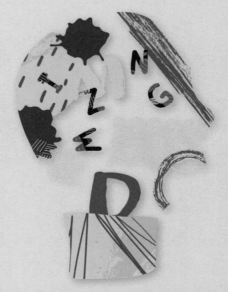

6

공부할 때 두뇌에서 일어나는
신경생물학적 과정 중 읽기의
중요성

공부를 하고 좋은 성적을 얻는다는 것이 무엇인지 한번 생각해 보자.

공부를 한다는 것은 필요할 때 언제든지 당면한 문제를 해결하거나 주어진 임무를 수행하는 데 필요한 지식을 습득하는 것이다. 대학 입시를 앞둔 고3 수험생들의 공부는 대학 입학 수학능력 시험에서 문제를 잘 풀기 위한 지식의 습득이고, 의과대학 학생들의 공부는 의사가 되어 환자들의 질병을 치료하는데 필요한 지식을 습득하는 것이며, 훌륭한 요리사가 되기 위한 공부는 맛있는 요리를 만드는 데 필요한 기술과 지식을 습득하는 것이다.

이렇게 특정 분야에서 어떤 일을 수행하기 위해서는 그 일을 수행하기 위한 지식을 습득해야 한다. 특히 원하는 대학에 진학하고 능력 있는 의사나 요리사가 되기 위해서는 그 분야의 지식 습득, 즉 공부를 잘해야 한다.

일반적으로 두뇌가 공부를 하는 과정은 다음과 같다. 새로운 지식과 정보를 두뇌 안으로 입력해서, 입력된 새로운 지식을 이해한 다음, 새로 이해된 지식을 잊어버리지 않고 오랫동안 기억하고 있다가, 시험 볼 때 올바른 기억 정보를 인출하여 정답을 맞히는 것이다

이렇게 지식을 습득하는 공부의 과정을 네 개의 단계로 나누어 생각해 보자.

공부의 첫 번째 단계는 두뇌 안으로 새로운 지식과 정보를 입력하는 것이다. 두뇌 안으로 정보가 입력되려면 환경 속의 정보들이 오감을 담당하는 감각 기관을 통해 두뇌 안으로 전달되어야 하는데, 제도권 내에 있는 정규 학교 교육의 대부분은 강의 듣기와 책 읽기를 통해 지식의 입력이 이루어진다. 만약 와인 소믈리에 자격을 취득하는 시험을 본다면 강의 듣기와 책 읽기뿐만 아니라 미각과 후각까지 동원되어 필요한 정보와 지식을 입력해야 할 것이다.

이때 선생님의 강의를 정확히 알아들을 수 있는 사람과 책 읽기가 정확하고 빠른 사람은 그렇지 못한 사람들과 똑같은 시간을 투자해서 공부했을 때 더욱더 정확하고 많은 양의 지식과 정보를 입력할 수 있을 것이다.

공부의 두 번째 단계는 자신이 가지고 있는 배경지식을 이용하여 새로이 입력된 정보와 지식을 이해하는 것이다. 누구든지 배경지식을 가지고 있지만, 각자가 가지고 있는 배경지식의 양과 질에는 차이가 있을 것이다. 질 좋고 풍부한 배경지식을 가진 사람은 그렇지 못한 사람에 비해 새로 입력된 정보를 더 잘 이해할 수 있을 것이다.

공부의 세 번째 단계는 새로 이해한 지식을 배경지식으로 만들어 오랫동안 기억(저장)하는 것이다. 즉, 새로이 알게 된 정보를 배경지식으로 만들어서 언제든지 쓸 수 있는 상태로 저장하는 것이다.

새로 이해한 지식들을 잊어버리지 않고 영구적으로 기억하기 위해서는 주기적으로 암기할 내용을 반복해서 떠올리는 일을 해야 한다. 즉, 복습을 해야 한다.

공부의 네 번째 단계는 저장된 지식을 이용하여 시험 볼 때 정답을 맞히는 것이다. 이때 정답을 맞히기 위해서는 당연히 저장된 지식이 많아야 하고, 알고 있는 지식을 빠르게 꺼내 문제를 푸는 데 이용할 수 있어야 좋은 성적을 거둘 수 있다.

난독증을 가진 학생이 다른 학생과 경쟁할 때 왜 불리한지, 두뇌가 공부하는 과정에 맞춰서 한번 이야기해 보자.

네 가지의 공부 과정 가운데 첫 번째 단계인 정보 입력 과정을 보면 일반적으로 학교에서 공부하는 과목 대부분은 책 읽기와 강의 듣기를 통해 이루어진다. 그런데 공부를 위한 두뇌의 여러 가지 기능이 모두 좋은 데도 불구하고 읽기 속도가 정상 학생의 절반 정도밖에 안 되는 난독증 학생이 있다고 하자. 그 난독증 학생이 정상 읽기 속도를 가진 학생과 경쟁하는 상황에서 똑같이 한 시간 동안 시험공부를 했다고 가정하면, 정상 읽기 속도를 가진 학생이 10개의 지식을 입력하는 동안 난독증 학생은 읽기 속도가 절반이므로 5개의 지식을 입력하게 된다. 입력한 지식이나 정보가 10개 대 5개로 차이가 있는 상태이기 때문에 공부의 두 번째 단계에서 새로 입력한 정보들을 100% 이해한다고 해도 새로 이해한 지식과 정보의 양이 10개 대 5개로 차이가 난다. 새로 입력한 지식을 잊어버리지 않고 모두 저장한다고 해도 결국 난독증 학생은 새로이 입력하여 저장된 지식의 양이 적어 시험 볼 때 정답을 찾기 어렵기 때문에 좋은 성적을 얻을 수 없게 된다. 또한, 시험은 항상 제한 시간이 있다. 따라서 시험 문제를 풀 때는 정답을 찾는 일 못지않게 빠르게 문제를 읽는 것도 중요하다. 그런데 읽기 속도가 느린 학생은 출제된 문제의 지문과 보기를 읽는 데 너무 많은 시간이 걸리기 때문에 아는 문제도 정답을 쓸 시간이 없어서 좋은 성적을 얻을 수 없게 된다.

〈그림 7. 두뇌가 공부를 하는 신경생물학적 과정 : 새로운 지식과 정보의 입력(Input) → 배경지식을 이용하여 새로 입력된 지식과 정보를 이해(Integration and Comprehension) → 새로 이해된 지식과 정보를 언제든지 쓸 수 있는 지식으로 저장(Memory) → 알고 있는 지식을 이용하여 시험에서 정답을 빠르게 찾음(Output)〉

7

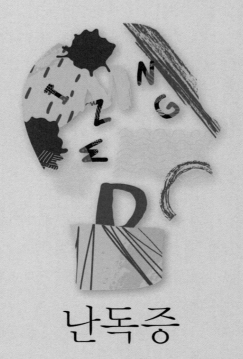

난독증

1) 난독증의 역사

　최초로 기록된 단어맹(Word Blindness)의 사례는 1676년으로 거슬러 올라간다. 독일의 의사 요한 슈미트가 정상적인 읽기능력을 가지고 있던 성인이 발작 후 읽기능력을 상실한 니콜라스 캠비어에 대한 관찰 기록을 출간한 것이다. 이 기록에 묘사된 후천성 실독증의 개념이 세간에 알려지면서, 이전에는 정상적으로 글을 읽을 수 있었는데 뇌출혈이나 뇌종양, 발작 등을 겪고 나서 읽기능력을 상실한 후천성 실독증(Acquired Alexia)을 겪는 사람들의 이야기가 소설 등에서 묘사되는 경우가 가끔 생겨났다.

　1872년 영국의 신경학자 윌리엄 브로드벤트는 단어를 볼 수 있는 시력은 가지고 있지만, 눈에 보이는 단어들을 이해할 수는 없는 환자의 증례를 발표하면서 후천성 읽기장애에 대한 설명을 자세히 기록하였다.

　1877년 아돌프 쿠스마울은 "보는 능력, 지능, 말하는 능력이 온전하지만, 글을 읽을 수 없는 글자맹(Text Blindness)이 존재하는 것 같다."라고 말하면서 '단어맹(Word Blindness)'이라는 용어를 처음으로 사용하였다. 단어맹은 지능이나 표현 언어에는 손상이 없으면서 문자를 인지하고 읽는 능력에만 문제가 국한된 상태를 말한다. 그는 이것이 좌측 뇌의 각회(Angular Gyrus) 부근의 손상과 연관 있을 것이라고 했는데, 언급된 손상 위치를 생각해 보면 현재 알려진 읽기회로와 상당히 일치한 다고 할 수 있겠다.

1887년 독일의 안과 의사 루돌프 베를린은 「특별한 종류의 단어맹, Eine besondre Art de wortblindheit」이라는 자신의 논문에서 20년 이상 자신을 찾아온 난독증 환자 6명의 공통적인 임상 증상 특징들을 관찰한 여섯 사례를 정리하여 그 내용을 안과 학회에 발표했다. 그는 그런 임상 증상을 보이는 사람들을 'Dyslexia(난독증)'라고 하자고 제안하여 'Dyslexia'라는 용어를 처음으로 만들었다.

이 논문에서 베를린은 성인들이 가진 단어맹(Wordblindness)은 뇌 특정 부위 손상에 따른 이차적 현상으로 인한 '읽기능력 상실 상태'라고 기술하였는데, 완벽하게 손상되면 완전한 읽기 불능 상태인 후천성 실독증(Acquired Alexia)이 발생하고, 그 손상이 부분적이라면 글을 읽고 이해하는 데 어려움을 보이는 후천성 난독증(Acquired Dyslexia)이 생길 가능성이 있다고 설명하였다. 여기에서 베를린은 읽기가 아예 불가능한(can not read) 것과 읽기에 어려움이(difficulty in reading) 있는 것을 개념적으로 분리했다.

또한, 베를린은 난독증을 실어증[9]의 일종으로 생각하여 이를 개념화하였다.

사실 독일의 의사 베를린이 만든 용어 'Dyslexia'의 어원을 살펴보면, 'dys'는 '곤란', '어려움', '악화'의 뜻을 가지고 있고, 'lex'는 '어휘'라는 뜻을 가지고 있다. 만들어진 어원으로 볼 때, 베를린은 'Dyslexia(난독증)'라는 용어를 읽기 어려움이 있는 사람들을 관찰한 결과로 만들었지만, 그 사람들의 읽기 어려움의 원인을 말을 하는 데 있어서 어휘 선택의 어려움 때문이라고 생각해서 이 용어를 만들지 않았나 생각한다. 1887년 이후 난독증의 원인이 무엇인지 모른 채 우리가 난독증은 시각적 이상 때문에 생겼을 것이라는 막연한 추측을 가지고서 100년 이상 난독증의 본질을 알아내려는 연구에 많은 헛수고를 하는 동안, 안과 의사 베를린은 하늘나라에서 "난독증은 시각적인 문제가 아니야! 언어 기반의 문제란 말이야!"라고 소리쳤을지도 모른다.

1895년 안과 의사인 제임스 힌셸우드는 의학 잡지 『란셋(The Lancet)』에 58세 고학력 불어 교사인 남자 환자의 사례를 보고하였다. 이 환자는 어느 날 아침 일어나보니 바로 전날까지 읽

---

9)   실어증(Aphasia) : 대화 시 말을 이해하거나 발음하는 데 문제를 보이
      는 언어장애.

을 수 있었던 불어 문장을 갑자기 읽을 수 없게 된 사례였다. 이는 전에는 읽을 수 있었던 성인이 다른 신체 기능은 정상인데 하루아침에 읽기능력만을 상실한 후천성 난독증의 사례로 후에 선천성 난독증 연구에 기폭제 역할을 하였다.

1896년 프링글 모건은 『브리티시 메디컬 저널(British Medical Journal)』에 뇌 손상이 일어난 적이 없는 소년 '퍼시'에 대한 사례[10]를 보고하면서 오늘날 우리가 발달성(선천성) 난독증(Developmental Dyslexia)이라고 일컫는 읽기 어려움 상태의 기저를 이루고 있는 기본 요소들을 알렸다.

모건의 발달성 난독증 사례 발표 이후로 영국뿐만 아니라 네덜란드(1903년), 독일(1903년), 프랑스(1906년) 등 다른 유럽 여러 나라에서도 발달성 난독증 사례들이 발견되어 보고되었고, 대서양을 건너 미국(1905년)에서도 보고되었다.

대부분의 사례는 안과 의사들에 의해 보고되었으며, 안과 의사들은 난독증의 원인이 주로 시각적인 문제 때문일 것으로 추측하였다. 따라서 난독증의 원인이 밝혀지지 않은 채 약 100여

---

10)　퍼시 사례 : 퍼시는 읽기에 필요한 지적, 감각적 능력을 모두 갖췄지만 읽지는 못했다. 퍼시는 글자와 단어만 읽지 못했을 뿐 수학은 잘했는데, 예를 들어 숫자 '7'은 쉽게 알아보았지만, 글자로 '일곱'이라고 적은 단어는 인식하지 못했다.

년의 세월이 흐르는 동안 난독증의 치료를 시각적인 교정을 통해 이루려는 노력이 계속해서 이어졌으나 시각적인 교정 치료는 제대로 효과를 내지 못했다.

그리고 많은 사람이 이후로도 난독증의 원인을 찾으려고 노력했지만, 100년 넘게 난독증 발생의 원인 요소들이나 증상 발현의 메커니즘을 알아내지는 못하였다.

난독증을 가진 사람은 종이에 쓰인 글자를 눈으로 보면서도 읽지 못하니 안과적 질환이 있는 것이 아닌가 하는 생각을 하게 되면서 주로 안과 의사를 찾아가게 되었고, 안과 의사에 의해 난독증이라는 용어가 처음 만들어졌기 때문에 대부분의 사람은 난독증이 안과적 또는 시각적 인지의 문제일 것으로 생각했다. 그러다 보니 난독증이라는 용어가 만들어진 이후로 100여 년 동안 대부분의 난독증 연구가 안과 의사들을 중심으로 이루어지는 상황이 되었고, 따라서 난독증의 핵심 문제가 언어 기반의 문제이면서 동시에 여러 가지 복합적인 원인이 더해져 비롯된다고 생각하지 못했던 것이다.

그러던 중 1980년대 중반에 이르러 난독증의 원인에 대한 인식에 전환이 생겼는데, 이는 미국에서 정부 차원의 연구가 시작되면서부터 이루어질 수 있었다. 미국 정부에서는 당시 심각한 사회문제로 떠오른 청소년 비행의 원인을 찾아 그 원인을 제거하여 비행 청소년을 줄이려고 시도했다. 미국 정부는 과제 수행을 위해 먼저 비행 청소년의 공통점을 조사하여 '비행 청소년들은 학업 성적이 나쁘다.'라는 결론을 도출했다. 그런데 이것이 '학업 성적이 나쁜 청소년들은 읽기능력이 자신의 학년 수준보다 부족하다.'라는 결론까지 연결되었다. 그래서 읽기능력이 부족한 비행 청소년들의 읽기능력을 향상하여 학업 성적을 올리는 데 힘을 쏟으면 청소년 비행이라는 사회 문제를 해결할 수 있겠다고 판단하여 읽기능력을 향상하는 교육 정책을 시도하였다. 그런데 청소년들의 읽기능력 향상이 단순히 읽기 수업 시간을 늘려서 읽기를 많이 시킨다고 해서 해결되는 게 아니라, 난독증이라는 읽기장애를 해결해야 읽기능력이 향상된다는 것을 알게 되었다. 그러나 1980년대 중반까지는 난독증의 원인과 발병 메커니즘이 밝혀지지 않았고, 따라서 표준화된 진단 방법이나 치료 방법이 없어서 학생들의 난독증을 해결할 수 없었다.

결국, 1987년 미국 의회가 난독증 연구 기금을 승인하게 되면서 미국 정부는 국립보건원(National Institute of Health)을 통해 미국의 예일 대학교, 존스 홉킨스 대학교, 콜로라도 대학교 등 세 곳의 대학교에 난독증 연구비를 지원하였고, 이후 연구 지원에 힘입은 연구 성과들이 나오게 되면서 베일에 싸여있던 난독증의 실체가 드러나기 시작했다.

1990년대에 들어서면서 난독증의 병태생리(Pathophysiology)가 알려졌고, 그에 따른 치료 방법과 진단 방법이 제시되기 시

작하면서, 이때부터 난독증에 대해 과학적 근거를 갖춘 진단과
치료가 본격적으로 시작된 것이다.

2) 난독증의 정의

그동안 난독증의 원인과 증상 발현 메커니즘을 알지 못한 채
난독증은 안과적·시각적인 문제에서 비롯되었을 것이라는 가
설에 매몰되어 난독증 연구가 진척을 보이지 못한 상태로 100
년이 넘는 세월이 흘러가면서 난독증에 대해 합의된 정의 또한
만들어지지 못했다.

이후 1990년대에 난독증의 실체가 밝혀지기 시작하면서
2002년에는 국제 난독증 협회(International Dyslexia Associ-
ation)에서 난독증을 재정의했다. 난독증은 '신경생물학적 원인
을 가진 특정학습장애(Specific Learning Disability)로 정확하
게, 혹은 유창하게 낱말 읽기를 어려워하고, 철자법이 부족해
서 자주 틀리게 쓰며, 이런 증상들은 음운론적 기술의 어려움
때문에 초래되는 현상이지, 교육을 제공받지 못해서 생기는 것
이 아니며, 이에 따른 이차적 결과로 읽기 이해의 어려움과 읽
기 경험의 부족으로 어휘력이 부족해지고 지식 습득이 어려워
져 학업 성취를 이루지 못하는 것.'이라고 정의하였다.

2013년 발간된 『DSM-5(Diagnostic and Statistical Manual

of Mental Disorders-5 : 정신질환 진단 및 통계 편람 5판)』에서는 난독증을 신경발달장애의 한 종류로 읽기장애, 쓰기장애, 계산장애 등의 특정학습장애들 가운데 하나로 정의하였다. 난독증은 정확하고 빠른 단어 인지의 어려움에 해독능력의 어려움을 함께 가지고 있어서 단어를 읽을 때 정확성이 떨어져 소리 내어 읽기에서 발음이 부정확하고, 읽기 속도가 자기 학년 수준보다 느리며, 학년 수준에 비해 읽기 이해도가 부족한 경우로 정의하였다.

여기에서 난독증의 세 가지 핵심 특징을 기술하였는데, 이는 다음과 같다.

① **같은 학년의 다른 아이들과 비교했을 때 읽기 발음이 부정확하다.**
② **같은 학년의 다른 아이들과 비교했을 때 읽기 속도가 느리다.**
③ **같은 학년의 다른 아이들과 비교했을 때 읽기 이해도가 부족하다.**

즉, 이 핵심 특징들을 가지고 있으면 난독증으로 진단할 수 있다.

3) 난독증의 원인

과거에는 과도한 텔레비전 시청, 느슨한 규율, 과도한 조기 교육, 아이들을 돌볼 시간이 없는 바쁜 부모들 등이 난독증의 원인으로 지목되기도 하였다. 그러나 이는 읽기발달에 영향을 주는 요소들이기는 하지만, 난독증의 직접적인 원인은 아니다.

난독증이라는 용어가 처음 만들어진 이후로 130여 년의 세월이 지나면서 거의 100년 동안은 난독증의 원인이 시각적 인지의 장애 때문일 것이라는 추측과 함께 그것을 증명하려는 연구가 많았다. 그렇지만 최근 30년 사이에 알려진 과학적인 증거들이 뒷받침하는 사실들을 살펴보면, 읽기를 배울 나이가 되어서(대개 생후 60개월) 읽기를 배우기 시작하면 좌뇌의 특정 영역(좌뇌 후두-측두 영역과 좌뇌 두정-측두 영역)에 정상적인 읽기회로가 형성되어야 하는데, 불행하게도 난독증이 있는 사람들은 정상적인 좌뇌 읽기회로가 형성되지 않는다는 것이다. 좌뇌 정상 읽기회로가 형성되는 대신에 우뇌의 후두 영역과 우뇌 전두 영역에 효율이 나쁜 읽기회로가 형성되는 것이다.

앞에서 신경회로에 대해 언급했듯이 인간의 두뇌에는 약 천억 개의 뉴런들이 있다. 인간이 어떤 일을 수행하려면 특정 뉴런 한 개가 그 일을 수행하는 것이 아니고, 그 작업 수행에 관여하는 수많은 뉴런이 서로 정보를 주고받아야 작업 수행이 가능하다. 뉴런들은 존재하는 데도 서로 정보를 교환할 회로의 연결이 없으면 우리의 두뇌는 아무것도 할 수 없다. 그러므로 읽기 역시 '읽기'라는 작업에 관여하는 두뇌 안의 여러 영역에 분포된 수많은 뉴런이 서로 정보를 주고받을 수 있는 회로가 형성되어 있어야 읽기를 수행할 수 있다.

대부분의 사람이 'ㄱ', 'ㄴ', 'ㄷ', 'ㄹ' … 'ㅏ', 'ㅑ', 'ㅓ', 'ㅕ' 등의 문자소에 대한 소릿값을 반복해서 배우고 연습하면서 좌뇌에 정상 읽기회로가 형성되는 데 반해, 안타깝게도 어떤 사람들한테는 효율적인 정상 읽기회로가 형성되지 않는다.

왜 이런 일이 일어나는지에 대한 명확한 이유는 아직 밝혀지지 않았지만, 현재까지 가장 가능성 있는 가설은 이렇다.

하나의 수정란에서 시작된 태아가 한 사람의 인간으로 형성되는 과정에서 수많은 세포분열이 일어난다. 세포분열을 통해 새로이 생겨난 세포들은 여러 장기의 형성을 위해 필요한 위치로 이동하여 몸을 구성하는 여러 가지 장기들이 만들어진다. 그런데 이 과정에서 중추 신경을 형성할 신경 세포들이 모여서 완성할 두뇌의 여러 영역 가운데 읽기와는 관련 없는 위치로 가야 할 뉴런들이 길을 잃어버려 두뇌 안에서 읽기회로가 형성되어야 할 위치에 끼어듦으로써, 읽기를 배우기만 하면 자연히 형성되어야 할 읽기회로의 형성을 방해한다는 것이다.

이상의 내용을 정리하면 다음과 같다. 난독증의 신경생물학

적 원인은 태아기에 읽기회로가 형성되어야 할 두뇌 영역에 정
상적인 뉴런들은 존재하는데, 두뇌의 다른 위치로 가서 자리
잡아야 할 뉴런들이 읽기회로 형성 영역에 잘못 끼어들어 있어
서 읽기 학습 과정에서 형성되어야 할 읽기회로의 형성을 방해
하기 때문이라는 것이다. 그렇게 보통의 읽기 교육을 통해 좌뇌
정상 읽기회로가 만들어지지 못한 상태에서 일반적인 읽기 교
육만 계속하면 우뇌에 보상적인 읽기회로가 형성된다.

여러 연구를 토대로 난독증인의 읽기회로에서 일어나는 과정
을 좀 세밀하게 따져보자. 난독증을 가진 사람들 개개인에 따
라 다양한 차이들이 존재하지만, 일반적으로 난독증인의 회로
에서 일어나는 일을 설명하는 모델로는 '음운론적 모델(Phono-
logic Model)'이 인정받고 있다. 이 모델에 따르면 난독증은 어휘
나 단어의 의미, 문법적 구조, 연결된 문장들을 처리하는 데는
문제가 없지만, 그 하위 단계인 '음운 모듈(Phonologic Module)'
이라는 언어 공장에서 단어 형성을 위해 짧은소리들(음절, 음소)
을 합치거나 단어를 짧은소리들로 분절하는 과정에 문제가 있
어서 난독증이 나타난다고 한다. 음절을 음소들로 분절하거나
음소들로 음절을 만드는 데 어려움이 있어서 말할 때 적당한
음소를 고르느라 힘들어하고, 음이 비슷한 다른 음소를 인출
하는 경우도 있으며, 음소들의 순서 배열이 부정확한 경우도 있
다.

이런 이유로 현재 발달성 난독증은 읽을 때 '잘 읽어야지!'라고 마음을 굳게 먹는다고 해서 잘 읽을 수 있는 문제가 아니고, 읽기회로 발달의 결함으로 인한 문제라고 여겨진다. 다시 말하지만, 발달성 난독증은 언어 기반의 문제이고, 신경발달장애 가운데 하나이다.

4) 난독증과 연관된 두뇌 기능들

이제 두뇌가 문자를 읽는 과정에 관여하는 두뇌 기능들을 알아보자.

문자는 인간이 쓰는 말(구어언어)을 눈으로 보고 해독할 수 있는 시각적 형태의 암호로 만들어진 것이다. 따라서 글을 읽을 때 두뇌에서 일어나는 정보 처리 과정을 순서대로 보면, 시각적인 암호를 해독하여 문자소(Grapheme)를 음소(Phoneme)로 바꾼 다음, 음소들의 조합으로 음절을 만든 후, 음절들을 연결하여 의미를 갖는 단어로 만들어 문장과 글의 맥락을 이해하는 것이다.

두뇌에서 이러한 정보 처리 과정이 원활하게 이루어지려면 인지, 시각 정보처리, 청각 정보처리, 음운 인식, 작업기억 그리고 주의 집중 같은 두뇌 기능들이 필요하다. 각각의 두뇌 기능들에 대해 알아보자.

① 인지(Cognition)

: 인체의 감각 기관을 통해 들어오는 환경 속의 감각
정보들을 두뇌가 얼마나 빠르고 정확하게 인지하는
가는 개개인에 따라 많은 차이가 있다. 책을 읽는 데
직접적으로 연관 있는 감각들은 문자를 보는 데 필
요한 시각과 언어 정보를 처리하는 청각이므로 시각
과 청각을 통해 들어오는 감각자극들에 대해 일반적
인 인지 능력이 부족하면 능숙한 읽기가 어려워진다.

난독증 아이들과 정상 아이들 사이의 영역일반 순
서기억능력(Domain-general serial order mem-
ory)과 읽기능력(Reading ability)의 관계에 관한
최근 연구를 보면, 난독증 아이들은 언어 정보든, 비
언어 정보든 관계없이 순서를 기억하는 단기 기억 능
력이 정상 아이들에 비해서 많이 부족했다. 이는 정
보의 순서를 기억하는 영역일반 인지능력이 읽기 발
달과 관계가 있다는 것을 의미하기도 한다. 즉, 읽기
능력은 일반 인지와 관계가 있다.

신경인지 메커니즘(Neurocognitive mechanism)

① 영역 일반 신경인지 메커니즘(Domain－General Neurocognitive Mechanism)

: 넓은 영역의 보편적 지식이나 입력 정보를 처리할 때 공통으로 기능하는 두뇌의 정보처리 메커니즘이나 학습 도구(learning device)로, 넓은 영역에서 새로운 문제의 해결과 임무 수행에 적용될 수 있는 두뇌의 정보 처리 메커니즘이라고 할 수도 있다.

이것은 두뇌에서의 시간 정보처리(temporal processing) 효율성과 관계가 있다.

② 영역 특정 신경인지 메커니즘(Domain Specific Neurocognitive Mechanism)

: 어떤 것을 배울 때, 배우고 있는 그 특정한 일을 수행하는 데만 필요한 특정 영역에서의 두뇌 정보처리 메커니즘이나 학습 도구(learning device)를 말한다.

예를 들어, 자전거를 못 타던 사람이 온 신경을 집중해서 자전거 타기를 배우고, 배운 이후에는 특별히 신경 쓰지 않고서도 여유롭게 경치를 보면서 자전거를 탈 수 있게 되었다고 해도, 그 자전거 타기의 능숙함이 읽기나 말하기 능력을 향상하지는 않는다. 자전거 타기라는 특정 임무만 향상된 것이다.

② **시각 정보 처리**(Visual Processing)

: 말소리의 시각적 암호인 문자를 정확하고 빠르게 순서에 맞춰서 인지하기 위해서는 눈으로 들어오는 시각 정보를 빠르고 정확하게, 그리고 나열된 순서대로 인지할 수 있어야 말소리의 구성 성분에 동기화시켜 읽기를 잘할 수 있다.

③ **청각 정보 처리**(Auditory Processing)

: 강아지 짖는 소리, 방문 닫는 소리, 사람의 말소리를 구분하지 못할 사람은 별로 없다. 그렇지만 말(구어언어)에서 어떤 의미를 이해하기 위해서는 아주 미세한 소리의 차이점들(소리의 높낮이나 강약, 길이 등)을 구분할 수 있어야 '듣고 말하기'라는 언어생활이 정확해질 수 있다. 또한, 말소리 속에서 미세한 차이를 청각적으로 구분하기 어려워하는 사람들은 읽을 때 아주 순식간에 이루어져야 할, 문자소를 음소로 바꾸는 과정이 원활하게 이루어질 수 없다. 따라서 정확한 청각 정보 처리를 바탕으로 언어생활이 원활해야 읽기가 정확해질 수 있다. 청각적으로 소리를 구분하는 데 어려움이 있는 난독증인들은 자음보다는 모음의 구분을 더 어려워하고, 모음도 단모음보다

는 복모음의 구분을 더 어려워한다. 그래서 대개 발성
할 때도 자음, 단모음, 복모음의 순서로 발음하기 힘
들어한다.

④ 음운 인식(Phonologic Awareness)
: 말소리 속에 들어 있는 소리 성분인 음소들은 아주
미세한 차이를 가지고 있는 소리들이고, 그 음소들의
나열 순서, 음소들의 높낮이, 음소나 음절의 길이,
음절을 구성하는 음소들 사이의 간격 등을 정확히 인
지할 수 있어야 음절과 단어를 정확히 인지할 수 있
다. 그리고 말소리 성분들에 대한 정확한 인지가 있어
야 문자라는 시각적 암호를 각각에 대응되는 말소리
성분으로 정확히 변환할 수 있게 된다.
　　즉, 말의 뜻을 구별해주는 말소리의 가장 작은 단
위인 음소들 가운데 어두의 자음인 '음'과 그 나머지
인 '운'을 잘 구별할 수 있어야 읽기를 잘할 수 있다.

⑤ 작업 기억(Working Memory)
: 책을 읽으면서 내용을 이해하기 위해서는 앞에 읽은
단어들을 머릿속에 떠올리면서 동시에 지금 읽고 있
는 단어들을 연결해야 한다. 이때 필요한 두뇌 기능

이 작업 기억이다. 그것도 바로 직전에 보고 들은 것을 잘 기억하는 능력이 읽기능력과 관계가 깊다. 오래된 사건이나 장면을 기억하는 장기 기억은 읽기 작업과는 별로 연관이 없는 기억 능력이다.

⑥ 주의 집중(Attention)

: 집중력이 부족해서 너무 산만하면 글을 읽고도 무슨 내용인지 이해하는 데 어려움이 있다. 따라서 집중력은 읽은 내용의 이해와 관계있다.

이상의 여섯 가지 두뇌 기능들이 읽기에 관여하는 두뇌 기능들이다.

5) 유병률

난독증의 정의가 합의되지 않은 상황에서 어떤 기준에 맞춰 난독증을 진단할 것이냐를 정하는 것은 매우 어려운 일이다. 그래서 난독증의 유병률을 조사한 연구들을 살펴보면 적게는 2%에서 많게는 40%까지 연구마다 유병률의 차이가 크다. 왜 진단 기준에 따라 유병률이 달라지는지 알아보자.

여기서 일반적으로 질병을 진단하는 기준을 정하는 큰 틀인

두 가지 모형에 대해 생각해 보자. 하나는 범주적 모형이고 또 다른 하나는 차원적 모형이다. 범주적 모형은 진단을 내리는 기준점이 명확하여 환자와 비환자의 구분이 명확한 경우의 진단 기준으로 골절이나 뇌출혈처럼 영상의학적 소견으로 확실하게 진단되는 경우이다. 차원적 모형은 진단 기준이 연속선상에 있어서 환자로 분류되는 기준점을 어디까지로 잡느냐에 따라 환자와 비환자가 달라질 수 있는 경우이다. 만약 어떤 인구 집단에서 정상 혈압이 120(수축기)/80(이완기)mmHg인 성인 고혈압에 대한 유병률을 조사한다고 해 보자. 혈압이 130(수축기)/90(이완기)mmHg 이상일 때를 고혈압으로 진단했을 때가 200(수축기)/160(이완기)mmHg 이상일 때를 고혈압으로 진단했을 때보다 같은 인구 집단에서 고혈압 환자들의 수가 많을 것이므로 유병률은 높을 것이다. 이렇듯 진단 기준을 어느 정도로 할지에 따라 유병률은 달라질 수 있다. 난독증의 유병률도 이와 마찬가지로 읽기 어려움이 어느 정도일 때를 난독증으로 진단할 것이냐에 따라 난독증의 유병률은 달라질 수 있다.

난독증을 '같은 학년 집단의 학생들과 비교했을 때 읽기능력(읽기 정확도와 속도 그리고 이해도)이 부족한 경우'라고 정의할 때, 읽기능력 부족의 정도가 평균적인 읽기능력을 가진 학생들에 비해 10% 이상 부족한 경우로 했을 때의 난독증 유병률과 80% 이상 부족한 경우로 했을 때의 난독증 유병률을 비교하

7. 난독증

면, 읽기가 조금만 부족해도 난독증으로 진단되는 전자의 경우가 후자의 경우보다 훨씬 더 많은 학생이 난독증으로 진단받을 것이다. 이렇듯 난독증의 유병률은 읽기 어려움의 정도가 어느 정도일 때를 난독증으로 진단할 것이냐에 따라 달라질 수 있기에 여러 연구마다 유병률의 차이가 큰 것이다.

그렇지만 보통 자기 학년 수준의 학업을 수행하는 데 있어서 읽기 부족이 학업 수행을 현저히 어렵게 할 정도의 읽기 어려움을 보이는 학생들을 난독증이라고 했을 때, 그 비율은 일반 인구 전체 가운데 언어권이나 지역에 따른 차이가 별로 없이 세계적으로 4~5% 정도이다.

미국과 영국은 같은 언어를 쓰는 데도 미국은 다섯 명당 한 명이, 영국은 열 명당 한 명이 난독증이라고 한다. 하지만 이는 난독증 진단 기준의 차이 때문에 생긴 유병률의 차이일 뿐이지, 학습에 심각한 장애를 초래할 정도의 난독증 유병률은 4% 정도로 두 나라 모두에서 비슷하다.

미국 교육부 통계에 의하면 6세에서 21세 사이의 인구 중 4.4%가 난독증으로 특수교육을 받고 있다고 하고, 학습장애 원인의 80%는 난독증이라고 한다.

미국 국가 학업성취도평가원의 1998년 조사에 의하면, 4학년의 69%, 8학년의 67%에서 읽기 유창성 수준이 학년 기준에 미달하고, 4학년의 38%는 초보적 읽기 기술도 습득하지 못해서 전체적으로 미국 어린이의 25~40%가 충분히, 잘, 빨리, 쉽게 읽지 못해 학업에 어려움을 겪고 있다고 한다.

코네티컷 연구에서는 지능검사와 읽기 평가를 모든 어린이에게 시행하여 결과를 조사했는데, 평가받은 어린이들의 20%가 난독증이라고 한다.

언어권에 따른 난독증의 유병률을 보면, 한때는 난독증이 알파벳 언어를 쓰는 사람들에게만 영향을 끼치기 때문에 알파벳 언어권의 사람들에게만 난독증이 발생하고 중국어 같은 표의문자 사용자에게는 발생하지 않는 것으로 생각하였으나 이는 틀린 것으로 판명되었다. 난독증은 지역이나 언어권과 관계없이 발생 빈도가 비슷한 것으로 알려져 있다.

남녀 성별에 따른 유병률을 보면 과거에는 남자가 여자보다 3~4배 더 많은 것으로 알려졌다. 그러나 예일 대학교 난독증 센터의 연구에 의하면 성별에 따른 유병률의 차이는 별로 크지 않아서 남자가 여자보다 약간 더 많은 정도라고 한다. 남자의 유병률이 서너 배 높다고 한 과거의 연구 결과는, 과거 연구들이 모든 학생을 검사하지 않고 난독증이 의심되는 아이들을 선별하여 검사를 시행했기 때문에 검사 대상 선정 과정 중에 여자아이들은 난독증이 있어도 검사 대상에서 제외되는 경우가 많아서 남자의 유병률이 더 높은 결과를 보였던 것이다.

사회·경제적 지위가 낮은 가정의 아이들의 난독증 유병률은 사회·경제적 지위가 높은 가정의 아이들에 비해 조금 높은 것으로 알려져 있다. 이는 사회·경제적 지위가 높은 가정일수록 유아기에 독서 환경이 좋아서 책을 접할 기회가 많기 때문이라고 여겨지고 있다.

6) 유전성

난독증은 유전성이 있다. 그렇지만 단일 유전자에 의한 유전은 아니다.

이는 두뇌가 책을 읽는 과정이 상당히 복잡해서 책을 읽을 때 관여하는 두뇌 기능들이 여러 가지이기 때문이다. 이들 독서에 필요한 두뇌의 여러 가지 기능 가운데 어떤 한 가지 기능에 관여하는 특정 유전자가 난독증을 일으킬 수 있으며, 읽기에 관여하는 또 다른 두뇌 기능에 관여하는 또 다른 유전자도 난독증을 일으킬 수 있다는 것이다. 즉, 읽기에 연관된 유전자 한 개의 문제로 난독증이 있을 수도 있고, 읽기에 연관된 유전자 여러 개의 문제로 난독증이 있을 수도 있다.

이렇듯 겉으로 드러난 증상으로 보면 똑같이 난독증의 증상을 보이는 사람들이라도 그 난독 증상이 읽기를 할 때 두뇌에서 일어나는 복잡한 과정들 가운데 어떤 기능상의 문제 때문인지가 다르고, 유전인자도 어떤 기능과 연관 있는 유전자인지가 다른 것이다.

DCDC1, DCDC2, ROBO1 등을 비롯해서 최근까지 알려진 난독증 관련 유전 인자는 십여 개 정도 되는데, 이들 유전자는 대개 태아기 때 세포이동(Cell Migration)[11]에 관여하는 유전자들이다.

일란성 쌍생아 중에서 한 아이가 난독증일 때 다른 아이가 난독증일 확률은 70% 정도이고, 형제자매 중에서 한 아이가 난독증일 때 다른 아이가 난독증일 확률은 50%, 자녀가 난독증일 때 부모 중 한 사람이 난독증일 확률은 50%로, 가족력이 있는 사람들의 난독증 가능성은 가족력이 없는 사람들의 난독증 유병률인 4~5%보다 훨씬 높다.

---

11)   세포이동(Cell Migration) : 정자와 난자가 만나서 만들어진 하나의 수정란은 세포분열을 통해 2개, 4개, 8개, 16개 등의 세포들로 분화되어 인체를 구성하는 장기를 형성하게 된다. 이 과정에서 각각의 세포가 자기가 가야 할 위치로 가는 것을 세포이동이라고 한다.

7) 증상

난독증은 읽기 어려움이다. 따라서 난독증의 주된 증상은 읽기 어려움과 연관된 증상들이다. 그렇지만 무언가를 읽는 데 어려움이 있을 때는 그 어려움이 읽기에 관여하는 여러 가지 두뇌 기능(인지, 시각 정보처리, 청각 정보처리, 음운인식, 작업기억, 주의 집중)의 부족으로 인해 초래된 것이기 때문에, 이렇게 부족한 두뇌 기능의 문제로 인해 초래되는 일상생활이나 학습 과정에서 보이는 여러 가지 증상들이 흔히 동반된다. 따라서 난독증이 있는 사람들을 치료할 때는 읽기능력 향상을 위한 교육개선(Remediation) 훈련에 초점을 맞춰 치료하는 것이 가장 중요하다. 그러나 난독증을 가진 사람들이 일생을 살아가는 동안 특정 두뇌 기능의 부족으로 인해 겪는 일상생활의 어려움이나 학습에서의 불편을 최소화하여 삶의 질을 향상시켜 주는 것도 읽기능력 향상만큼이나 중요하다.

이제 읽기 어려움과 연관된 일차적인 증상들과 난독증에 따른 이차적인 문제로 인한 증상들을 알아보자.

먼저 읽기 어려움과 관련된 증상들에 대해 알아보자.

생애 주기에 따라 난독증의 증상을 살펴보면, 유치원 시절은 공식적으로 글 읽기를 아직 배우지 않은 시기이므로 난독증으로 진단되는 유치원생 아이도 없고, 따라서 읽기와 연관된 증상도 없다. 그렇지만 학동기가 된 후 난독증으로 진단받은 아이들의 유치원 시절 과거력을 조사해 보면, 말하기를 시작하는 나이가 또래 아이들보다 늦은 경우가 많았고, 성장하면서도 발음의 정확도가 같은 개월 수의 다른 아이들과 비교했을 때 부정확했으며, 언어 속의 운율 인지나 동요를 부를 때 박자 감각이 부족한 경우가 많았다. 또한, 요즘은 조기 교육을 받는 아이들이 많아 학교에 들어가기 전에 글 읽기를 배우는 경우가 많은데, 만 5세(월령 60개월)가 넘어 읽기를 배우기 시작해서 6개월 이상 한글 학습을 했는데도 한글을 전혀 파닉스에 맞춰 읽지 못하는 경우에 난독증으로 조기 진단되기도 하였다.

만 6세가 넘어 학교에 들어가 학교생활을 시작하면, 이때부터는 읽기와 연관된 증상으로 인해 많은 어려움을 겪게 된다. 읽기 교육의 일반적인 과정을 보면, 처음 시작은 자음과 모음의 '소릿값'을 익히는 과정으로 문자소들 각각에 대응되는 소리를 들려주고 나서 가르치는 사람의 발음을 따라서 발성해 보게 한다. 그다음에는 자음과 모음이 합쳐져 만들어지는 음절 단위의 소리 내어 읽기를 연습시킨 후, 음절이 모여 만들어진 단어들을 읽게 하고, 구절과 문장 단위의 읽기로 발전시켜 나간다. 따라서 초등학교 저학년 교실에서의 읽기 교육은 다 같이 합창으로 소리 내어 읽기를 하거나 국어 교과서를 한 줄씩 돌아가며 읽기를 하고, 받아쓰기 시험을 보는 것이 일반적이다.

그런데 난독증으로 글을 배우기 어려운 아이는 받아쓰기 시험을 봤는데 학급에서 가장 나쁜 점수를 받고, 국어 수업 시간에 한 사람씩 돌아가며 국어책을 한 줄씩 읽으라고 하는 상황에서 자기 차례가 되었는데 얼굴이 새빨갛게 달아오르면서 한 글자도 읽지 못하거나 진땀을 흘리며 떠듬떠듬 읽는 상황이 벌어진다. 이때 유치원 시절부터 같은 동네 친구로 지내온 주위 아이들의 '너 바보였구나…'라는 시선 속에서 그 아이는 국어 수업 시간을 싫어하게 되고, 혹은 학교에 가는 것 자체를 무서워하는 것은 너무나도 당연하다. 유치원 시절에 즐겁게 유치원을 다녔던 아이가 학교에 들어가서부터 학교에 가는 걸 싫어하고 엄마와 떨어지는 상황을 무서워하는 모습을 보일 때면 얼핏 분리 불안을 생각할 수도 있다. 그렇지만 실은 난독증 때문에 읽기 학습이 또래 수준만큼 안 되어서 생기는 불안은 아닌지 한번 생각해 볼 필요가 있는 것이다. 학교에서의 이런 경험 때문에 난독증이 있는 아이들은 남들 앞에서 소리 내어 읽는 것을 극도로 싫어하게 될 뿐만 아니라 공포를 느끼기도 한다.

학년이 올라가면서 난독증 아이들도 읽기능력이 조금씩 향상되기는 하지만, 난독증이 없는 다른 아이들의 읽기능력 향상 정도를 따라가지는 못하기 때문에 나이가 들수록 읽기능력의 격차는 점점 더 크게 벌어진다.

난독증 아이들은 두뇌가 책을 읽을 때 시각적인 표상의 암호를 음소로 바꾸는 과정이 어려우므로 읽을 때 발음이 부정확하고, 특히 처음 보는 낯선 단어를 소리 내어 읽는 것을 무척 어려워해서 한글로 표기된 생소한 외국인 이름 같은 것들을 읽기 힘들어한다.

또한, 한글에서는 조사 읽기를 힘들어한다. 영어는 단어를 나열한 순서에 따라 어느 정도 의미가 정해지지만, 한국어는 조사에 따라 의미가 확연하게 달라진다. 그런데 우리나라에서 난독증이 있는 사람들은 조사 읽기를 상당히 어려워한다. 읽을 때 조사를 빼버리고 읽거나 쓰여 있는 조사를 다른 조사로 바꾸어 읽는 일이 자주 있는데, 이렇게 되면 책을 읽고 나서도 책에 있는 글의 내용이나 의도와는 전혀 다르게 이해하게 된다. 예를 들어, '나', '사랑한다', '그녀'라는 세 단어를 같은 순서로 늘어놓고 조사를 달리해서 "나는 사랑한다. 그녀를."이라는 문장과 "나를 사랑한다. 그녀가."라는 두 개의 문장을 만들었을 때 완전히 다른 의미의 두 문장이 되는 것이다.

> ## 국어에서 조사의 역할 – 영어는 어순이 중요하고, 국어는 조사가 중요하다!
>
> : I   Love   She   –   She   Love   I
> : 나는 사랑한다 그녀를   –   나를 사랑한다 그녀가

    이렇게 조사를 부정확하게 읽으면 공부를 하고 시험을 보는 데 있어서 많은 문제가 발생한다. 책을 읽고 시험을 준비하는 과정에서 책의 내용과는 다르게 자기가 이해하기 편한 방향으로 읽으니까 저자의 의도와는 다르게 내용을 이해하게 되고, 시험 시간에 문제를 풀 때는 출제자의 의도와 전혀 다르게 문제를 해석하면서 출제자가 요구하는 정답과는 거리가 먼 오답을 쓰면서도 정답을 썼다고 생각하게 된다.

    여기서 난독증이 있어서 조사 읽기에 문제가 있는데도 그 아이의 엄마는 읽기에 전혀 문제가 없다고 생각하고 있는 한 초등학교 4학년 아이의 예를 한번 생각해 보자. 이 아이는 내일 학교에서 시행하는 국어, 수학, 사회 과목 시험을 보기 위해 오늘 교과서를 읽으며 열심히 시험공부를 하였다. 시험 범위 안의 모든 내용을 쉽게 이해했다. 그러나 쉽게 이해가 잘된 이유가 조사를 자기 마음대로 바꾸어 읽으면서 자기가 이해하고 싶은 방향으로 이해했기 때문이라는 사실은 모른 채로 시험공부를 한

것이다. 다음 날 시험을 보는데 문제를 풀면서 조사를 바꾸거나 틀리게 읽으면서 출제자의 의도와는 전혀 다른 답을 썼다. 그렇지만 그 아이는 오답을 쓰면서도 자기가 풀고 싶은 대로 문제를 푸니까 시험 문제가 너무 쉽다고 생각할 수밖에 없는 것이었다. 일단 시험이 끝나고 아이는 "100점 맞았어요!"라고 외치면서 기뻐하며 집으로 돌아왔다. 그러나 며칠 후 성적표를 받아본 엄마는 기대에 훨씬 못 미치는 점수를 확인하고는 성적이 왜 이렇게 나쁘게 나왔는지에 대해 아이를 다그친다. 그런데 그 아이는 "시험문제가 어려워서 틀린 게 아니라, 다 아는 거였는데 실수한 것 같다."라고 말한다. 이 상황에서 엄마는 아이가 덤벙대서 실수했다고 생각하고 다음에는 정신 차리고 잘하라고 한다. 그러나 다음 시험에서도 아이는 똑같은 과정을 반복해서 거치면서 또 실수했다고 한다. 사실 이 아이의 시험 성적이 나쁜 이유는 아는 건 충분한데 실수가 잦아서가 아니라, 난독증으로 인해 내용 이해를 제대로 하지 못했고, 문제 풀이도 출제자의 의도와 관계없이 자기 마음대로 풀었기 때문이다. 결국, 이 아이는 학년이 올라가면서 성적 향상을 위해 열심히 공부하는 데도 좋은 성적을 거두지 못하는 반복적인 경험을 하면서 자신의 미래에 대한 걱정과 함께 불안장애, 우울증 등을 겪게 되면서 자존감이 바닥으로 떨어지게 된다. 그렇게 되면 이 아이는 결국 아무리 열심히 공부해도 좋은 성적을 거둘 수 없다는 생각에 사로잡혀 아무 의욕 없이 중간고사나 기말고사 같은 시험 기간에도 하루 15시간씩 잠을 자는 중·고등학생이 된다(사실 엄마가 이 학생에게 "시험 기간만이라도 좀 열심히 공부하면 어떻겠니?"라고 이야기하면, 돌아오는 대답은 "내가 내일 치를 시험 과목을 잠을 줄여가며 오늘 열심히 공부를 하나, 그냥 15시간 잠을 자나 성적표에 표시되는 석차는 1등도 변화가 없을 거라는 사실을 과거의 경험을 통해 너무나 잘 알기 때문에 조금의 보상도 없는 일에 노력을 기울일 수 없어."라는 대답이 돌아온다).

난독증 아이들 가운데는 나이가 들고 학년이 올라가면서 시험에서의 실수나 실패를 줄이기 위해 같은 문장을 천천히 여러 번 다시 읽으면서 글의 내용을 정확히 알아내는 방법으로 아주 많은 노력을 통해 문장을 정확히 이해하는 아이들도 있다. 그렇게 되면 이 아이들은 점차 고학년이 되면서 내용은 정확히 파악하지만, 동년배에 비해 아주 느린 읽기 속도를 보이게 된다. 따라서 공부에 쏟은 시간과 노력에 비해 항상 성적표에 나타나는 결과는 초라하다. 또한, 책을 읽을 때 정확성을 높이기 위해 집중에 관여하는 두뇌 자원을 많이 쓰기 때문에 다른 아이들과 비교할 때 읽기 후 과도한 피로를 호소하기도 한다.

읽기 학습에서 난독증이 있는 사람은 모국어를 배울 때보다 외국어를 배울 때 어려움이 더 크다. 우리나라 학생들은 거의 모두가 영어를 배우는데, 난독증이 있는 학생들은 대개 국어 읽기 수준에 비해 영어 읽기 수준이 더 낮은 경향을 보인다.

다음은 읽기에 작용하는 두뇌 기능의 부족으로 인한 증상들에 대해 알아보자.

난독증으로 진단된 아이 중 70~80%의 아이들은 읽기 어려움(Reading Difficulty)이라는 문제 외에 일상생활이나 무언가를 배우는 학습 상황 등에서 여러 가지 다른 문제들로 힘겨워한다.

인간의 두뇌로 입력되는 환경 속의 여러 가지 정보는 인간의 감각 기관(시각, 청각, 후각, 미각, 촉각, 고유수용성감각 등)을 통해 들어와 입력된 정보가 무엇인지를 알게 된다. 그런데 읽기장애가 있는 아이들은 인지의 문제를 가지고 있는 경우가 많아서 환경 속의 감각자극이 무엇인지를 아는 과정이 느리고 부정확한 경우가 많다. 이렇게 감각자극에 대한 인지가 느리고 부정확하면 자극에 대한 반응 또한 상황에 어울리지 않게 어딘가 좀 부적절하고 느릴 수밖에 없다. 인지가 부정확하면 대화를 나눌 때 상대방의 의도와 다르게 대화 내용을 이해하면서 오해하기 쉽고, 이로 인해 잘못되거나 부적절한 대답을 함으로써 곤란한 상황을 자주 경험한다. 선생님 같은 권위 있는 사람과의 대화에서는 주눅이 들기 쉽고, 친구들과의 대화에서는 말귀를 못 알아듣는 둔한 사람이 되기 쉽다. 인지가 느린 난독증 아이들의 어머니들은, "설명을 해 줘도 이해를 잘 못해요.", "무슨 일을 해도 느려요.", "아이가 말하는 게 느려서 듣고 있기 답답해요.", "밥 먹는 것도 느려요." 등의 이야기를 흔히 한다.

난독증은 또한 주의집중력장애와 밀접한 관계에 있어서 난독증 아이들 다섯 명 가운데 한 명은 주의집중력장애(Attention Deficit Hyperactivity Disorder)를 함께 가지고 있다. 일반 인구에서 주의집중력장애(ADHD)의 유병률을 5% 정도로 볼 때 난독증 아이들의 주의집중력장애 유병률은 다섯 배 정도 높은 수치이다. 주의집중력장애를 가진 난독증 아이들은 읽기 어려움에 주의집중력장애까지 더해져 난독증만 있는 아이들에 비해 공부하기가 훨씬 더 어렵다.

또한, 난독증 아이들은 소근육의 미세운동 조절에 어려움을 겪는 경우가 많아 일상생활에서 컵을 들고 있다가 자기도 모르게 떨어뜨려 깨뜨리거나, 운동화 끈을 제대로 묶지 못하는 등의 불편함을 이야기하기도 하고, 글씨를 쓸 때도 악필인 경우가 많다.

한편으로는 균형 감각이 부족하여 한쪽 다리로만 서 있는 상태를 유지하기가 어려워 친구들과의 놀이에 참여하기 힘들어하기도 하고, 두 발 자전거 타기를 배우는 데 어려움을 호소하기도 한다.

고유수용성감각의 부족과 공간인지에 대한 어려움으로 리코

더(피리) 부는 걸 배울 때 악기 구멍에 맞추어 손가락을 올리기 어려워하는 경우도 많다.

대개 난독증이 있는 사람들은 청력 자체에는 문제가 없어서 소리를 잘 들을 수 있는데, 그들 중 일부는 다른 사람들보다 더 작은 소리까지 너무나 잘 들어서 작은 소음에도 집중이 흐트러지고 짜증이 나면서 불안해지기까지 하는 청각과민증으로 일상생활이 불편할 정도인 사람들도 있다. 또한, 작은 소리까지도 잘 듣기는 하지만, 소리를 잘 들을 수 있으면서도 귀로 입력되는 소리의 미세한 차이를 두뇌에서 구별하여 인지하는 데 어려움이 있어 말소리(구어언어)를 정확히 구별해서 알아듣는 데 어려움이 있는 경우가 있다. 이를 중추청각 정보처리장애(Central Auditory Processing Disorder)라고 한다. 여러 연구에서 난독증이 있는 사람들은 중추청각 정보처리장애를 가지고 있는 경우가 많다는 보고들이 있고, 이로 인해 난독증인들은 정상인들과 비교했을 때 작은 소음에도 주의 집중이 깨지는 경우가 많고, 유아기 때부터 말소리 속에서 미세한 차이를 잘 구별하지 못해서 언어발달이 제대로 이루어지지 않는 경우가 많다.

중추청각 정보처리장애
(Central Auditory Processing Disorder)

중추청각 정보처리장애가 난독증에 영향을 주는 메커니즘은 아직까지 확실하게 알려져 있지는 않다. 다만 소리의 미세한 차이를 인지하는 대에서의 문제가 음운 인식(Phonologic Awareness)에 영향을 미치는 관계로 난독증에 영향을 줄 것이라 여겨지고 있다.

또한, 집중력이 부족하고 산만한 주의집중력장애(ADHD) 아이들의 경우 41%가 중추청각 정보처리장애를 가지고 있었고, 중추청각 정보처리장애를 가진 아이들의 84%는 ADHD를 가지고 있었다. 미국과 영국에서 조사된 일반 인구에서의 중추청각 정보처리장애 유병률은 2~7%이니까 ADHD 아이들의 중추청각 정보처리장애 유병률은 상당히 높다고 할 수 있겠다.

그리고 난독증이 있는 아이들은 사건이나 일화 등의 장기 기억에는 별로 문제가 없지만, 작업 기억에 어려움을 가지고 있는 경우가 많다. 초등학교 5학년 난독증 아이가 자신의 7살 생일 파티에 누가 왔는지, 그날 누가 어떤 색깔의 옷을 입었는지, 무슨 음식을 먹고 무슨 놀이를 하며 놀았는지에 대한 것은 너무나 정확하게 기억하지만, 책을 읽으면서 바로 직전에 본 단어가 무엇이었는지는 기억하지 못하는 것이다.

8) 진단

혈액이나 소변검사, 뇌 컴퓨터 촬영 등을 통해 난독증을 진단할 수는 없다. 난독증이 혈액 검사 소견에 영향을 주지도 못하고, 뇌 컴퓨터 영상에서 두뇌 구조상의 이상 소견이 보이지도 않기 때문이다. 난독증인의 뇌를 컴퓨터 영상(CT)으로 찍어 봐도 뚜렷한 구조상의 문제는 보이지 않는다. 영상에서 육안으로 볼 수 있는 뇌의 구조는 정상이다. 하지만 난독증인들의 뇌는 읽기에 필요한 신경회로의 배선이 올바로 연결되어 있지 않기 때문에 회로를 영상으로 보고 진단할 수 있다. 따라서 검사받을 사람으로 하여금 책을 읽게 하면서, 동시에 활성화되는 두뇌 회로의 상태를 눈으로 확인할 수 있다면 진단할 수 있을 것이다. 그렇지만 연구 목적이 아니고서는 현실적인 문제로 모든 검사 대상자를 이런 식으로 검사해서 난독증을 진단할 수는 없다.

그럼 이제 난독증의 조기 진단, 그리고 난독증 검사 과정과 도구에 대해 알아보자.

9) 난독증 조기 진단의 중요성

난독증이 의심되면 평가는 빠를수록 좋다. 인간의 두뇌는 변화와 회복이 가능하고 나이가 어릴수록 훈련이나 치료로 변화와 회복의 긍정적 변화가 빠르고 완전하게 일어나므로 조기 진단이 정말 중요하다. 따라서 난독증을 충분히 완전하게 치료하느냐와 증상 완화 정도의 불충분한 치료로 끝내느냐는 난독증인들 각자가 얼마나 심한 난독증을 가지고 있느냐와 얼마나 어린 나이에 일찍 치료를 시작하느냐에 달려 있다.

난독증인들의 일생을 보면, 구어언어 속에서 말소리의 최소 단위인 음소를 인지하지 못하는 5세 아이가 글자 속의 문자소를 음소에 연결하지 못하는 6세가 되고, 소리 내어 읽는 것을 두려워하는 12세가 되며, 결국 매우 느리게 읽어서 학업 수행이 힘들고 읽기를 필요로 하는 모든 활동을 힘겨워하는 성인이 된다. 결국, 난독증은 적절한 치료를 하지 않는다면 결코 일시적으로 존재하다 저절로 없어지는 신경발달장애가 아니다. 또한, 난독증 아이들과 정상 아이들의 읽기능력 차이는 초등학교 1학년 때보다는 2학년 때가, 2학년 때보다는 3학년 때 더 크게 차이 나는 등 학년이 올라갈수록 점점 더 커진다.

진단이 늦어지면 자연히 치료 시기가 늦어지게 되고, 치료가 늦어지면 학업 손실이 누적된다. 학교에 다니면서 공부를 아무리 열심히 해도 성적이 떨어지는 부정적 경험을 하면서 노력한 것만큼의 보상을 받지 못하게 되고, 그로 인해 이차적으로 불안장애, 우울증, 게임중독 등에 빠지게 되면서 비행 청소년이 되기 쉬워진다.

10) 난독증의 검사 과정과 도구

난독증을 진단하기 위해서는 검사 대상자들에게서 병력을 청취하여, 대부분의 난독증을 가진 사람들이 일생을 살면서 생애 주기에 따라 겪는 공통적인 시기별 단서들을 조사하고 그 사람의 생애 전반에 걸친 모습을 파악하는 것이 중요하다.

이후 병력 확인을 통해 난독증이 의심되는 사람들을 선별하고 나서, 여러 가지 검사를 시행하여 난독증을 확진한다.

진단의 시작은 증상 파악이고, 난독증의 증상은 나이대에 따라 다르게 나타나므로 어린 시절에 난독증을 조기 진단하는 일에는 부모의 역할이 절대적이라 할 수 있다.

그럼 먼저 연령별로 난독증을 의심할 수 있는 증상적 실마리들을 알아보자.

학교에 들어가기 이전의 시기에는 언어발달의 측면에서 실마리들을 찾을 수 있다. 말을 배우기 시작할 때 '엄마'라는 단어를 보통은 10개월 정도에 처음으로 하게 되는데, 난독증 아이들은 돌잔치를 하는 날까지 말을 시작도 하지 않아 벙어리가 아닌가를 의심하기 시작할 무렵인 15개월 때 가서야 '엄마'라는 단어를 처음으로 입 밖에 내기 시작한다. 언어발달 초기에는 아이가 하는 말이 문법적으로나 발음적으로 부정확하여 주위 사람들이 아이가 하는 말을 들었을 때 10명 중 3명만이 제대로 알아들을 수 있었다가, 점차 아이의 나이가 들어가면서 10명 중 5명, 10명 중 7명이 알아듣게 된다. 아이가 하는 말을 듣는 사람이 열 명이라면 열 사람이 모두 알아들을 수 있는 아이의 나이는 대개 36개월 정도 되는데, 난독증 아이는 나이가 네 돌을 넘겼는데도 듣는 사람 모두가 알아듣기에는 부정확한 발음으로 말을 한다. 이렇게 말이 늦되고, 발음이 부정확한 것 말고도 운율에 대한 인지가 부족하다는 점을 꼽을 수 있다. 또한, 동요를 배워도 다른 아이들보다 박자에 대한 감각이 떨어진다.

초등학교에 들어가서 읽기를 본격적으로 배우기 시작하면, 이때부터는 읽기와 연관된 단서들이 보인다. 초등학교 교과 과정을 전체적으로 크게 보면 1학년에서 2학년까지의 2년 동안은 지식을 습득하는 시기가 아니라 읽기를 배우는 시기이고, 3학년 때는 읽기를 수월하게 할 수 있을 정도로 '읽기자동성'을 획득하는 것이며, 4학년 이후에는 각자가 개발한 읽기능력을 이용하여 필요한 지식을 습득하기 시작하는 것이다. 즉, 4학년은 읽기를 사고와 학습에 본격적으로 이용하는 시기이면서 동시에 미래의 학습능력을 결정하는 시기이다. 4학년 때의 읽기능력은 학습에 아주 중요해서 신시아 클래티라는 사람은 "4학년 때의 읽기능력은 향후 학교 중퇴자와 상관관계가 있다."라고 하였고, 미국 교정국에서는 4학년 때의 읽기능력을 토대로 미래의 교도소 수용 인원을 예측하여 감옥의 침상 수를 결정한다고 한다.

난독증 아이는 1, 2학년 때는 국어 시간에 보는 받아쓰기 시험에서 많은 시간을 들여 받아쓰기 시험공부를 했는데도 항상 점수가 나쁘고, 수업 시간에 한 사람씩 돌아가며 소리 내어 읽으라고 했을 때 읽기가 너무 어려워 진땀을 빼는 일이 일어난다. 3학년이 되어도 언제나 공부하는 데 남들보다 많은 시간이 걸린다. 따라서 난독증 아이들은 학교생활을 하는 동안 언제나 남들보다 숙제하는 데 훨씬 많은 시간이 걸리기 때문에 남들이 한 시간 동안에 할 숙제를 두세 시간이 걸려서 끝낸다. 이로 인해 숙제하느라 놀 시간도 없고 다른 활동을 할 시간도 크게 부족하게 된다. 이렇게 되면 아이의 미래가 너무 걱정스럽고, 아이가 자신의 삶을 너무 힘겨워하니까 옆에서 지켜보는 어머니는 안타까워서 어머니 자신의 인생 전부를 걸고 꼬박 아이와 붙어서 아이의 공부를 같이 하기도 한다. 그렇게 되면 어머니는 자기 일을 전혀 하지 못하고 아이의 숙제에 함께 매달리게 되면서 직장을 다니던 어머니가 직장을 그만두게 되기도 한다. 결국, 엄마의 인생이 송두리째 날아가고, 아이와 엄마 모두에게 굉장한 소모가 일어나는 것이다.

난독증 아이들이 소리 내어 읽는 모습을 관찰해 보면, 문장에서 읽기 어려운 단어가 나오면 빼 먹고 읽거나 다른 단어로 바꾸어서 읽고, '개나리', '항아리', '미나리', '하나로'를 늘어놓고 운율 특징이 다른 단어 하나를 고르라고 하면 제대로 고르지 못한다.

또한, 아이가 소리 내어 읽을 때, 읽는 리듬을 관찰하는 것이 난독증에서 매우 중요하다. 사실상 읽는 리듬의 관찰 소견만으로도 난독증을 거의 진단할 수 있을 정도로 '읽기 리듬'은 중요한 요소이다. 대개 난독증이 있는 경우에는 읽기 리듬을 자신이 조절할 수가 없어서 읽기 속도를 자신의 의지대로 조절하고, 말소리의 높낮이와 강약을 듣는 사람이 알아듣기 좋게 첨가하면서, 듣는 사람이 요구하는 대로 읽을 수가 없다. 난독증을 분류할 때 읽는 리듬을 관찰한 소견을 가지고서 난독증의 아형을 분류하기도 하는데, 이는 읽는 리듬이 난독증 진단의 실마리로서 얼마나 중요한지를 보여 주는 좋은 예이기도 하다.

난독증의 아형

난독증의 아형(Subtype)을 나눌 때 일반적으로는 두뇌가 책을 읽는 과정인 해독과 이해에 근거하여 해독형(Decoding type) 난독증, 이해형(Comprehensive type) 난독증, 해독과 이해의 혼합형(Mixed type) 난독증으로 나누지만, 읽는 전반적 리듬의 관찰 소견을 가지고서 두 가지 아형으로 나누기도 한다. 정상인은 소리 내어 읽을 때 강약과 높낮이를 자신의 의지대로 내용에 맞게 조절하면서 리듬감 있게 읽는다. 그런데 난독증인들은 소리 내어 읽을 때 강약과 속도를 자신의 의지대로 조절하지 못한다. 즉, 읽는 소리에 리듬이 없는 것이다. 소리 내어 읽기에서 불규칙한 리듬을 보이는 난독증인들 가운데는 매우 느리고 더듬더듬 어렵게 읽는 지각형(Perceptual type) 난독증이 있고, 내용이 무엇인지 어렴풋하게 알거나 전혀 모르면서 흘리는 발음으로 자신의 의지로는 속도를 늦출 수 없는 빠른 속도로 읽으면서 읽는 소리에 강약이 없어 매우 부정확하게 읽는 언어형(Linguistic type) 난독증이 있다.

소아기에 난독증을 의심할 수 있는 또 다른 단서로는 읽을 때 조사 읽기를 어려워한다는 것이다. 조사 읽기를 어려워해서 조사를 빠뜨리거나 표기된 것과 다른 조사로 바꿔 읽음으로써 문장의 의미를 왜곡하여 읽기도 한다. 앞에서 언급했듯이 우리말은 조사를 바꾸면 문장의 뜻이 많이 달라지는데도 말이다.

난독증이 있는 청소년기 학생들은 읽기 속도가 느리고, 읽은 내용을 이해하는 능력이 부족하며, 남들보다 소음에 취약해서 읽을 때 소음이 있으면 읽기에 집중하기 힘들어한다. 이는 난독증이 없는 청소년기 학생들은 읽을 때 해독이 거의 자동으로 되기 때문에 집중력을 문자 해독 과정에 쓸 일이 없는데, 난독증이 있는 청소년기 학생들은 읽을 때 해독하는 데 집중력을 많이 사용하게 되어 읽은 내용을 제대로 이해하기 위해서는 충분히 생각할 시간이 필요하므로 읽기 속도가 느리고 소음에도 취약한 것이다.

이제 난독증이 의심되는 단서들을 가진 사람들에 대해 난독증을 진단하는 도구들의 종류와 그 도구들에 포함되어야 할 요소들에 대해 알아보자.

미국이나 유럽 여러 나라에는 난독증 진단에 사용하는 표준화된 도구가 있다. 하지만 우리나라에는 현재까지 시중에 나와 있는 진단 도구가 몇 가지 있기는 하지만 표준화 작업을 제대로 마친 공인된 진단 도구는 없는 실정이다(나는 우리나라에서 국가적 차원의 연구를 통한 공인된 진단 도구가 개발될 수 있기를 희망한다).

미국의 표준 검사법으로는 Woodcock-Johnson 3, Woodcock Reading Mastery Test, Wide Range Achievement Test, Wechsler Individual Achievement Test 등이 있다.

이런 여러 가지 검사 도구에 꼭 들어가야 할 요소들이 무엇인지 알아보자. 다음에서 설명하는 요소들은 난독증 진단을 위해 검사에 꼭 들어가야 할 기본적인 구성 요소들로, 이 요소들은 난독증 검사 도구에 반드시 포함되어야 하는 것들이다.

첫째, 음소 구분 능력 검사이다.

단어를 음소들로 분절한 다음 특정 음소를 없애고 읽으라고 했을 때 수행할 수 있는 능력의 정도를 파악하는 것이다. 예를 들어 '송아지'에서 받침 'ㅇ'을 빼고 읽으라고 하면 '소아지'가 되고, 'sour'에서 's'를 빼면 'our'가 된다는 것을 알고 실제로 발음할 수 있는지를 보는 것이다. 지능이나 어휘력, 추론 능력을 배제하고 글자를 구성하는 문자소의 소릿값을 아는지만을 보는 검사지만, 난독증 진단에 있어서 가장 민감한 검사이다.

둘째, 언어의 소리 혼동 검사이다.

물건의 모양이 그려진 그림을 보고 그림 속 물건 이름을 빨리 말하게 시켜 본다. 이때 난독증인들이 물건 이름을 빠르게 말하지 못하는 것은 무식해서 사물의 이름을 모르기 때문이 아니라, 언어의 소리들을 혼동하기 때문에 그림에서 본 사물들의 이름을 빨리 떠올리지 못하기 때문이다.

셋째, 운율 인지 검사이다.

초성, 중성, 종성이 같은 단어들끼리 묶는 것을 시켜서 얼마나 잘할 수 있는지를 검사한다. 예를 들어, '항아리', '미나리', '코끼리', '망아지'를 놓고 운율이 다른 단어를 고르게 하고, 영

어에서는 'later', 'alligator', 'best', 'translater' 등의 단어
들에서 운율이 다른 단어를 고르게 하는 것이다. 난독증 아이
들은 잘 찾지 못한다.

넷째, 문자 암기 검사이다.

의미를 고려하지 않고 문자를 기계적으로 암기시켰을 때 얼
마나 잘 암기할 수 있는지를 검사한다. 난독증 아이들은 직전
에 본 문자들을 잘 기억하지 못한다.

지금까지 난독증이 의심되는 사람들을 찾아내는 데 필요한
단서들과 그 단서들에 의해 난독증이 의심되는 사람을 찾았을
때 그들을 대상으로 검사하는 도구들을 살펴보았다. 그리고 그
도구들에 들어가야 할 구성 요소들에 대해 알아보았다.

다음은 난독증이 의심되는 단서들을 가진 사람들에 대해 난
독증을 진단하는 일반적인 과정에 대해 알아보자.

난독증의 검사와 진단은 연령에 따라서 조금씩 달라지는데,
먼저 학생 시절의 진단부터 알아보자.

6세경(초등 1학년 입학할 무렵)부터는 난독증 고위험군 아이들
을 선별하는 검사를 집단검사나 개인별 검사를 통해서 한다.
집단검사에서는 진단을 놓치는 경우를 줄이기 위해 조금은 과
다하게 선별하는 편이 좋다. 개인별 검사에서는 일반적으로 소

아청소년과 의사의 지휘 아래 작업치료사, 언어치료사, 학습장애 전문가 등이 '음운론적 기술에 대한 선별 평가'와 '사물 이름 빨리 대기', '운율 인지 검사', '문자 암기 검사' 그리고 '수용 어휘력 검사' 등을 시행한다. 그리고 학생이 종이에 인쇄된 글을 읽을 때 눈동자의 움직임을 추적하여 실제로 학생이 글을 읽는 과정을 영상으로 녹화한 후 이를 분석해서 읽기 속도를 측정할 수 있는 장비를 이용할 수 있다면 간단하게 개인별 읽기능력을 측정할 수 있다.

개인별 검사에서 시행하는 각각의 검사들을 살펴보자.

음운론적 기술 평가는 단어를 분리하여 첫소리, 중간소리, 끝소리를 구분해내는 능력을 평가하는 검사와 음절 속에 들어 있는 가장 작은 소리 입자인 음소들을 인식하는 능력을 평가하는 것으로 이루어진다. 음절 속에 있는 음소들을 인식하는 능력은 향후 읽기능력에 절대적인 영향을 끼친다. 예를 들어 '박'이라는 음절 속에는 'ㅂ', 'ㅏ', 'ㄱ'이 들어있다는 사실을 인식할 수 있어야 하고, 음소들의 나열 순서가 'ㅂ', 'ㅏ', 'ㄱ'이라는 사실도 알아야 한다. 만약 구성 음소 세 개는 아는데 나열 순서를 몰라서 'ㄱ', 'ㅏ', 'ㅂ'의 순서로 인식했다면 그 아이가 인식한 음절은 '박'이 아니라 '갑'이 된다.

사물 이름 빨리 대기(Rapid Automatic Naming test)는 사물의 그림을 보여 주고 그림에 있는 사물이 무엇인지를 최대한 빨리 말하게 하는 검사이다. 이는 장기기억 속에 저장된 언어적 정보를 얼마나 쉽고 빠르게 인출할 수 있는가를 평가하는 것이다. 이때는 친숙한 사물들을 사용해서 검사 자체가 난독증 검사가 아닌 어휘력 검사로 변질되는 것을 막으면서 정확성과 속도를 측정한다. 사물 이름 빨리 대기는 책을 읽을 때 두뇌 안에서 일어나는 정보 처리 과정과 연관이 깊어서 향후 읽기능력과 밀접한 관계가 있다.

운율 인지 검사는 운율이 같은 단어들끼리 묶을 수 있는 능력을 측정한다. 한글에서는 단어들의 두운, 요운, 각운에 따라 운율이 같은 단어들을 찾는 능력을 측정할 필요가 있는데, 믿을 만한 측정 도구가 없다.

문자 암기 검사는 앞에서도 언급했지만, 의미를 생각하지 않고 무작위로 문자를 암기할 수 있는 능력을 측정하는 것이다. 이 검사도 표준화된 도구는 없지만, 우리 클리닉에서는 컴퓨터 프로그램을 이용하여 비단어 문자 암기 능력을 측정한다.

다음은 수용 어휘력 검사이다. 이는 난독증 아이의 장점을 파악하는 검사로 이야기를 듣고 나서 들은 내용에 대한 질문에 대답하는 형식으로 진행하는 검사이다. 어릴 때 수용 어휘력이 좋으면 대부분 향후 읽기능력이 좋기 때문에 수용 어휘력은 미래의 읽기능력을 가늠할 수 있는 요소이다.

아직 많이 쓰이고 있지는 않지만, 눈동자의 움직임을 추적할 수 있는 기계 장치(카메라나 눈전위도를 이용한 안구 추적 장치)를 이용하여 인쇄된 글을 학생이 읽게 하면서 글을 읽는 과정을 영상으로 녹화한 후 이를 분석해서 읽기 속도를 측정하는 것이다.

난독증 평가에서 지능지수(IQ) 검사는 하지 않는다. 과거 난독증에 대한 실체가 밝혀지지 않았을 때는 난독증이 있는 아이들은 지능이 낮다고 생각하기도 하였지만, 지능(IQ) 검사 수치는 향후 읽기 어려움에 대한 예측 인자가 되지 못할 뿐만 아니라, 난독증으로 진단된 난독증인의 훈련 성과에도 지능은 별로 영향이 없어 난독증 평가 시 지능지수(IQ) 검사는 시행하지 않는다. 즉, 난독증은 지능과 관계가 없다.

난독증과 지능지수(IQ)

난독증이 있는 사람들의 지능지수는 난독증이 없는 사람들과 비교했을 때 차이가 없다. 난독증이 없는 정상인 중에는 지능지수가 높은 사람도 있고 낮은 사람도 있듯이, 난독증을 가지고 있는 사람들 역시 정상인과 비슷하게 지능지수가 높은 사람도 있고 낮은 사람도 있다. 그런데 지능지수가 너무 낮아서 지적장애(Intellectual Disability)의 범주에 속하는 사람들은 당연히 읽기를 배우기가 너무 어렵다. 따라서 지적장애가 있는 사람의 경우에는 읽기 어려움이 있다고 하더라도 난독증이라고 진단하지 않고 그냥 지적장애라고 한다.

이제는 성인의 난독증 검사에 대해 알아보자.

아이들의 난독증 진단 방법이 성인에게는 적합하지가 않다. 난독증이 있는 성인은 정상적인 좌뇌 읽기회로를 가지고 있지는 않지만, 우뇌에 보상적인 읽기회로를 발달시켜 읽기 작업에 그 보상회로를 사용한다. 따라서 매우 느리기는 하지만, 많은 단어를 읽을 수 있고, 소리에 바탕을 둔 읽기 경로 대신 문맥으로부터 모르는 단어의 의미를 추론하고 개념적으로 이해하는 고차원적 인지 능력을 읽기에 사용하는 것이다. 덕분에 난독증 성인은 난독증 아이와 달리 느리지만, 정확하게 읽을 수 있다.

일반적으로 난독증을 검사하는 측정 도구들은 대부분 유창성보다는 정확성을 측정하기 때문에 일반적인 측정 도구들을 가지고 성인의 난독증을 진단할 때는 난독증이 있어도 놓치기 쉽다. 따라서 성인의 난독증을 진단할 때는 반드시 '유창성'을 측정해야 하고, 여기에 더불어 어렸을 때부터 겪어온 '난독 증상의 과거력'을 참고해야 한다.

성인의 난독증을 진단하는 과정을 3단계로 나누어 생각해 보자.

① 1단계
  : 나이와 교육 수준을 고려하여 읽기 어려움의 정도를 판단한다. 중요한 건 느리고 힘든 읽기와 쓰기가 가장 특징적인 징후라는 것이다. 이전부터 충분히 알고 있을 만한 단어를 머릿속에 얼마나 잘 떠올리는지를 알아보는 개별 단어의 기억을 꺼내 인지하는 검사는 학업적 성취를 이룬 성인의 난독증을 밝혀내는 데는 별로 쓸모가 없다.

② 2단계
  : 성인은 반드시 직업적 능력이 비슷한 동료 집단과 비교 분석되어야 한다. 검사 대상자의 직업이 변호사인

데 난독증이 없는 농부와 읽기능력을 비교하는 것
은 말도 안 되는 난독증 평가인 것이다. 직업이 변호
사인데 소리 내어 읽는 모습이 마치 초등학생 수준으
로 보이는 의외성이 있다면 곧바로 난독증이라 판단
해도 무방하다.

③ 3단계

: 고차원적 언어 기능은 비교적 정상인 데 비해 상대적
으로 음운론적 취약성만을 보이는 증거들을 모아 진
단에 이용한다. 검사에서 뛰어난 개념적 언어 추론
능력이나 어휘력, 독해력의 우수성을 가지고 있는 데
반해 읽으면서 발음 오류가 많다면 음운론적으로는
취약하지만, 비음운론적으로는 강점을 가지고 있음
을 의미한다.

이제까지 난독증이 의심되는 사람들을 선별하고, 그 사람들
을 대상으로 검사 도구를 이용한 검사를 시행하여 난독증인을
찾아내는 검사 과정을 소개하였다. 이 과정에서 검사 도구가 갖
추어야 할 필수 조건들을 알아보았고, 생애 주기에 따라 소아
기와 성인기의 난독증 진단에 고려되어야 할 요소들도 살펴보
았다.

그럼 이제 검사 결과들을 분석하여 난독증을 진단할 때 어떤 기준에 맞추어 진단할 것인가를 생각해 보자. 난독증 진단의 기준을 잡을 때 가장 필요한 요소는 '난독증의 정의'이다. 30년 전까지만 해도 난독증의 실체를 알지 못했기 때문에 난독증의 정의가 만들어지지 않아서 난독증의 진단 기준을 만들기가 쉽지 않았다. 그리고 난독증의 진단 기준은 국가별, 언어별 표준화 작업을 거쳐서 만들어지는 기준이 필요한데, 우리나라에는 아직 표준화되고 공인된 진단 기준이 없는 실정이다.

2000년대에 들어서 만들어진 난독증의 정의들은 2002년에 발표된 국제난독증협회(International Dyslexia Association)의 난독증 정의나 2013년 출간된 『DSM-5』에 실려 있는 난독증 정의에서 말하는 증상 특징들을 기준으로, 이에 부합하는 사람들을 난독증이라고 진단한다.

지능(IQ)이 너무 낮지 않고, 읽기를 배울 교육의 기회가 남들과 비슷하게 주어졌는데도 불구하고 같은 학년의 또래 친구들과 비교했을 때, '읽기 발음이 부정확하고 유창성이 부족하다', '읽기 속도가 느리다', '자기 학년 수준의 문장을 읽고 나서 내용의 이해력이 부족하다'라는 세 가지 특징을 가지고 있는 사람을 난독증이라고 진단한다.

다만 이 세 가지 증상 특징들을 가지고 있더라도 증상의 정도가 가벼워서 지식을 습득하고 학업을 성취하는 데 크게 문제가 없으면 난독증이 있다고 진단하지 않고, 읽기 어려움의 정도가 지식 습득을 하는 학습 과정에 심각한 어려움을 주는 경우만 난독증으로 진단한다.

그런데 난독증이 의심되는 사람들을 찾아 난독증이 있는지를 검사하는 과정에서 난독증을 의심할 만한 증상이 하나도 없다고 생각했는데, 학업 성적이 쏟은 노력에 비해 너무 나빠서 혹시나 하고 검사를 받게 되면서 난독증으로 진단되는 경우가 자주 있다. 그렇다면 이런 경우는 난독증 조기 진단의 기회를 놓치게 되는 것이다. 이런 일을 방지하기 위해서는 난독증이 의심되는 학생들을 선별해서 그 학생들만을 검사할 게 아니라 전국의 모든 학생을 대상으로 좀 더 간단하게 검사하는 스크리닝(Screening) 검사 도구가 필요하다.

실제 일반적인 난독증 진단 도구를 이용한 검사는 검사를 시행하는 사람이 검사 대상자를 한 명씩 일대일로 면접하면서 음운인식 능력, 수용어휘력, 문자에 대한 작업기억능력을 검사하게 되어 있다 보니, 보통 한 사람을 검사하는 데 두 시간 정도가 소요된다. 이렇게 되면 한 사람의 검사자가 온종일 일한다고 해도 하루 세 명 정도까지만 검사할 수 있다. 이렇게 해서는 전국의 모든 학생을 검사하기가 현실적으로 어렵다.

그래서 짧은 시간 동안 최대한 간단하게 전국의 모든 학생의 읽기능력을 측정할 수 있는 방법을 연구하여 도구를 만들 필요가 있다고 생각한다.

11) 컴퓨터 기반의 눈전위도(Electro-oculogram)를 이용한 읽기 분석 장비

눈동자를 움직이는 여섯 개의 근육이 수축과 이완될 때 생기는 전류를 눈동자 주위의 피부에서 측정하여, 이 전기적 신호를 분석하면 눈동자의 움직임을 알아낼 수 있다. 이렇게 눈동자의 움직임을 알아내는 방법을 이용하면 책을 읽을 때 눈동자의 움직임을 분석할 수 있고, 측정된 데이터로 읽기 속도를 측정할 수 있다. 그 방법은 다음과 같다. 학년 수준에 맞춰서 만든 지문을 읽게 하면서 동시에 눈동자의 움직임을 측정한다. 그 지문을 다 읽고 나서 지문의 내용을 제대로 읽었는지 알아보기 위한 문제를 만들어 풀게 하고서 정답률을 측정한다. 이렇게 하면 객관적인 읽기 속도와 이해도를 짧은 시간 안에 간단히 측정할 수 있다. 즉, 이 기계로『DSM-5』에 정의된 난독증의 핵심 특징인 읽기 속도와 이해도를 측정할 수 있는 것이다. 이 기계로 읽을 때의 발음은 측정할 수 없지만, 한 명당 측정 시간이 5분 정도밖에 걸리지 않으므로 난독증 아이들을 빠르게 선별하는 도구로 쓰기에는 적절한 기계라고 생각한다. 이

7. 난독증

검사로 읽기 속도가 느리고 이해도가 부족한 학생들을 찾아서
난독증을 정밀 진단하면 되겠다.

12) 치료

나는 난독증의 치료에 관해 이야기할 때 "난독증은 치료할
수 있다."라는 말을 가장 먼저 한다. 왜냐하면, 난독증의 치료
과정은 쉽지도 않고 간단하지도 않기 때문에 난독증 치료를 위
해 여기저기 다니면서 많은 시간을 투자하여 여러 가지 치료를
받았는데도 불구하고 여전히 읽기에 어려움을 호소하는 난독
증인들이 많다 보니 "난독증은 치료할 수 없다."라는 말을 많이
들어 왔기 때문이다.

그렇지만 난독증 아이들 개개인에 맞춰 제대로 된 치료를 해
준다면 분명 난독증은 치료할 수 있다.

실제 시중에 나와 있는 여러 직역의 난독증 전문가들이 쓴
난독증과 관련된 책들을 보면, 난독증이 있는 아이들을 교육
하는 데 있어서 "난독증을 제대로 치료해서 공부할 때 읽기장
애로 인한 어려움을 겪지 않고 공부할 수 있게 해 주자."라는
게 아니라, "난독증이 있는 아이들의 읽기 어려움은 해결할 수
없으니 그대로 놔둔 채 난독증 아이들의 읽기를 못 하는 특성
에 맞춘 교수법으로 공부를 시키자." 또는 "난독증 아이들은 느

린 학습자니까 좀 봐주자."라는 내용의 책들이 많다. 이는 상당수의 전문가마저도 난독증은 치료가 어려우니까 은근히 난독증 치료를 포기하자는 의도를 가지고 있지 않은가 하고 나는 생각한다.

난독증 치료가 이처럼 어려운 과정이다 보니 우리나라의 교육 환경을 고려해 볼 때 학교에서 너무나도 다양한 모습을 보이는 난독증 아이들 개개인의 특성에 맞추어 효율적이고 성공적인 난독증 개선 교육을 한다는 것은 거의 불가능하다. 그냥 일반적인 학교에서는 지진아로 낙인찍혀 교육에서 소외되는 경우가 대부분이라 해도 과언이 아닐 것이다.

다시 한번 말하지만, 난독증은 쉽지 않은 훈련 과정을 거쳐야 해결할 수 있는 신경발달장애이기는 하지만 분명히 치료가 가능한 장애이다. 그런데도 불구하고 이렇게 치료가 가능하냐, 불가능하냐에 대한 논란이 요즘까지도 계속되는 이유는 난독증 아이들의 증상 다양성이나 정도가 개개인에 따라 많이 다르고, 난독증의 원인 메커니즘도 각자 다르므로 누구한테는 효과적이었던 치료법이 또 다른 누구한테는 효과가 없는 치료법일 수도 있기 때문이다.

난독증 치료법 중에는 현재까지 확실하게 과학적으로 치료 효과가 검증되지 않은 치료법들도 있다. 그러다 보니 난독증을 치료한다는 센터나 클리닉, 교육 기관, 학교, 병원 등에서 이야기하는 치료법들이 상당히 다양하기도 하고, 경우에 따라서는 치료 기관마다 자신들의 치료만 제대로 된 치료이고 다른 곳의 치료는 효과 없는 치료라고 폄훼하는 말을 하기도 한다. 이런 상황에서 우리가 주의를 기울여야 할 점은 최근 30년 사이에 신경과학은 눈부신 발전을 이루었고, 현재는 뇌과학이 과거 어느 때보다도 훨씬 빠른 속도로 발전하고 있다는 것이다. 이렇게 신경과학이 발달하면서 난독증에 대한 효과적인 치료법들이 지금도 세상 어느 곳에서는 만들어지고 있고, 미래에도 계속 만들어질 것이다. 이러한 치료법의 발달은 난독증 아이들이 완전한 읽기능력을 갖추게 하는 데 기여할 것이다. 따라서 우리는 새로운 치료 방법에 항상 주의를 기울여야 한다.

난독증에 대한 치료가 불완전할 수밖에 없다고 주장하는 사람 중에는 이런 주장을 하는 사람도 있다. 아인슈타인 같은 천재적인 과학자도 난독증을 가지고 있었다는 예를 들면서, 난독증 아이들의 부모들에게 "아이가 난독증이 있다고 해서 낙담하지 말고 난독증 아이들만의 깊은 곳에 잠재해 있는 뛰어난 재능을 찾아 개발해 주어야 합니다."라고 말하는 사람들도 있다. 그렇지만 현실은 불행하게도 난독증 아이들 대부분이 에디슨이나 아인슈타인 그리고 레오나르도 다빈치처럼 뛰어난 재능을 가지고 있지 않다는 데 문제가 있다. 난독증 아이들 대부분은 특별한 재능 없이 무엇을 배우든 남들보다 훨씬 느린 경우를 흔히 보인다. 난독증은 치료할 수 있는 장애인데 치료가 어렵다는 이유로 난독증 자체에 관한 치료는 일찍 포기하고, 난독증 아이가 가지고 있을 수 있긴 하지만 가능성이 희박한 뛰어난 능력을 계속 찾아 헤매는 것은 난독증 아이나 그 아이의 부모에게도 크나큰 고통일 것이다.

다행히도 현재 난독증은 치료에 많은 시간과 노력이 필요하기는 하지만, 충분히 치료 가능한 신경발달장애이며, 앞으로는 더 적은 시간을 투자하면서 보다 완전하게 치료할 수 있는 좋은 치료 도구들이 많이 나오리라고 생각한다.

그리고 난독증 치료에서 우리가 고려해야 할 중요한 요소가 한 가지 더 있다. 바로 살아가는 동안 겪게 되는 불편한 동반 증상이나 동반 질환에 대한 치료를 어떻게 할 것이냐에 대한 것이다.

당연히 난독증 치료의 일차적인 목표는 읽기 어려움을 해결하는 것이지만, 가능한 한 읽기 어려움을 치료하면서 불편한 동반 증상들을 치료해 주고 동시에 무엇을 배우든 좀 더 빠르게 배울 수 있는 두뇌 기능을 가질 수 있도록 해 준다면, 난독증 아이의 삶의 질은 훨씬 좋아질 것이다.

그럼 먼저 난독증의 읽기 어려움에 대한 문제의 해결부터 다루어 보겠다.

우리나라 학생들 거의 모두가 자기가 원하는 좋은 직업을 가지고, 하고 싶은 일을 하면서 행복하게 살기를 원한다. 그렇게 희망하는 대로 되기 위해서는 일단 학업에서 좋은 성적을 거두어야 그 가능성이 커진다. 그리고 학업에서 좋은 성적을 얻으려면 성실하고 끈기 있게, 열심히 최선을 다해서 공부에 전념해야 한다는 것을 모르는 사람은 없다. 그런데 난독증 때문에 아무리 최선을 다해 공부해도 애쓴 만큼의 성적을 거두지 못하는 학생이 있다면, 우리는 그 학생의 읽기 어려움을 먼저 해결해 주어야 할 것이다.

남들과 똑같은 방법으로 똑같은 과정을 거쳐 읽기를 배웠는데도 불구하고 좌뇌의 정상적인 읽기회로가 형성되지 않아 고통받는 사람은 정상적인 읽기회로를 형성시켜 유창한 읽기를 할 수 있게 만들어 주어야 난독증을 치료했다고 할 수 있다.

두뇌가 어떤 일을 하기 위해서는 그 일을 하는 데 필요한 회로가 형성되어 있어야 가능하다. '읽기'라는 작업 역시 두뇌가 하는 일이라서 읽기를 관장하는 정상적인 읽기회로가 형성되어 있지 않으면 읽기를 제대로 할 수 없다.

두뇌에서의 회로 형성은 강하고 반복적인 자극과 경험에 의해 이루어지는 것이다. 보통의 읽기 학습법으로 반복해서 열심히 읽기 교육을 받았는데도 불구하고 읽기회로가 형성되지 않은 난독증 아이에게 이전에 했던 것과 똑같은 방식대로 읽기 교육을 한다고 해서 읽기회로가 제대로 형성되기는 어려울 것이다.

앞에서 언급한 것처럼 문자는 구어언어인 말을 시각적 표상의 암호로 만든 것이고, 읽기는 시각적 암호를 청각 정보로 바꾼 다음 구어언어로 이해하는 과정이라서 읽기회로의 형성은 언어회로를 기반으로 해서 만들어져야 한다. 이러한 신경 발달의 과정에서 난독증인들 모두가 겉으로 보기에는 똑같은 '읽기 어려움'을 가지고 있는 것처럼 보여도 개인마다 읽기가 이루어지는 일련의 과정 가운데 어느 부분에서의 문제가 난독증을 일으켰는지는 각각 다르다. 그 때문에 개인마다 문제가 되는 부분을 찾아서 그 부분을 집중적으로 훈련하는 것이 가장 효율적인 치료 방법이 된다.

모든 난독증 아이가 그런 건 아니지만, 두뇌에서 글을 읽고 이해하는 과정을 살펴보면 읽기회로의 발달 정도는 언어회로의 발달 정도와 아주 연관이 깊다. 다시 한번 말하지만, 읽기회로는 언어회로를 기반으로 해서 만들어진다는 것을 생각해야 한다.

따라서 집을 지을 때 기초 공사가 필요하듯이 읽기회로라는 집을 짓기 위해서는 언어회로라는 기초 공사가 필요한 것이다. 읽기를 배울 만큼의 언어회로가 만들어지지 않은 어린아이에게 읽기를 가르치는 것은 기초 공사도 하지 않고 이층집을 올리려는 것과 같아서 쏟아부은 노력에 비해 효과를 거두기 힘든 헛된 일이 될 수 있다.

이렇게 이야기하면 난독증은 읽기장애인데 왜 언어발달장애와 연결하느냐고 할 수도 있다. 언어는 의도적으로 배우지 않아도 적절한 모국어 환경 속에서 살아가기만 하면 터득할 수 있는 것이고, 읽기는 배워야 터득할 수 있는 것으로 언어발달장애와 읽기장애는 다르지 않느냐고 의문을 제기할 수도 있다. 그리고 언어발달장애를 가지고 있어서 말을 못 알아듣고 못 하면, 당연히 읽기를 배울 수 없지 않느냐는 의문도 제기할 수 있다. 물론 의사소통이 안 되는 언어발달장애를 가진 아이에게 읽기를 가르치는 것은 불가능하다. 하지만 의사소통에는 문제가 없어서 일상생활에서는 언어발달이 그런대로 잘된 아이라고 여겨지는 아이들 가운데는 읽기발달에 영향을 줄 만큼의 언어발달이 부족한 아이들도 있다. 이렇게 개인마다 언어발달의 정도와 구어언어능력에는 차이가 있다. 즉, 일상생활에서의 의사소통에는 전혀 문제가 없다고 생각되지만, 읽기능력 습득에 영향을 줄 만큼의 미흡한 언어발달 정도를 가지고 있는 경우에는 난독증이 초래될 수 있는 것이다. 유아기 때 언어발달이 제 나이에 맞게 이루어진 아이들에 비해 말이 늦게 트인 아이들이 학교에 들어가서 공부하는 데 어려움을 겪는 경우가 더 많은 편이다.

현재까지 대부분의 난독증을 치료하는 여러 기관이나 학교에서의 난독증 치료 방법은 보통 읽기를 처음 배우는 아이들에게 읽기를 가르치는 것과 동일한 방법으로 무식할 정도로 많은 시간을 투자해서 읽기 훈련을 시키는 것이다. 즉, 읽기를 단계별로 나누어 학습시키는데, 먼저 반복해서 문자소들의 소릿값을 외우게 하고, 다음은 글자를 구성하고 있는 문자소들을 눈으로 보면서 글자 한 개의 소릿값인 음절을 만드는 훈련을 한 후에, 단어별 읽기를 연습시키는 것이다. 그러고 나서는 유창하게 책을 읽도록 많은 양의 책 읽기 훈련을 하게 된다. 난독증인에게 이렇게 강도 높은 훈련을 장기간 동안 시켰을 때, 난독증의 읽기장애 정도가 심하지 않은 경우에는 정상 읽기회로가 형성되면서 읽기능력이 좋아지는 경우도 가끔 있기는 하다. 하지만 난독증의 정도가 심한 경우에는 그 모든 노력이 헛수고여서 읽기능력 향상에 전혀 효과가 없을 수도 있다. 중학교 1학년 학생이 난독증 센터를 초등학교 1학년 때부터 중학교 1학년 때까지 6년간 꾸준히 다니면서 음운인식 프로그램으로 난독증 치료를 받았는데도 불구하고, 그 학생의 읽기능력이 초등학교 1학년 수준에 머물러 있는 경우를 난독증 전문 소아청소년과 의사인 나도 종종 경험한다. 그렇다면 난독증은 음운인식의 어려움 때문에 초래되는 문제인데 왜 음운인식 훈련을 통한 난독증 치료를 6년이나 받고도 읽기능력이 향상되지 않는 것일까? 음운인식 훈련을 강도 높게 했는데도 난독증이 치료되지 않는 이유는 대개 음운인식을 터득하는 데 필요한 두뇌의 기능들이 부족하기 때문이다. 그러므로 난독증 치료에서 제일 먼저 고려되어야할 것은 본격적인 읽기 학습 이전에 그 읽기 학습을 제대로 수행하기 위한 기본적인 두뇌 기능의 향상에 초점이 맞추어져야한다. 그런데도 불구하고 이제까지 난독증의 치료는 읽기에 필요한 두뇌 기능들이 잘 갖추어져 있는 아이들한테 읽기를 가르치는 것과 유사하거나 똑같은 '일반적인 읽기 학습법'을 가지고정상아들을 가르칠 때보다 좀 더 많은 시간을 투자해서 읽기를교육하는 것이었다. 다시 한번 강조하지만, 학교에서 하는 '일반적인 읽기 학습법'으로 읽기를 교육하기 전에, 먼저 읽기에 필요한 두뇌 기능 향상이 선행되어야 한다.

그래서 나는 두뇌 기능이 받쳐 주지 못하는 상황에서 '일반적인 읽기 학습법'만을 가지고 난독증을 치료하지 않는다. 10년이넘는 기간 동안 난독증이 있는 아이들과 성인들을 치료해 온나의 경험과 여러 연구 결과를 토대로, 난독증 치료를 나는 크게 세 개의 단계로 나눈다.

세 개의 단계들을 살펴보면 다음과 같다. 첫 번째 단계는 난독증인의 두뇌가 책을 읽을 때 꼭 필요한 두뇌 기능을 향상시키는 것이다. 두 번째 단계는 문자소를 가지고 음절과 단어를만드는 것으로 문자를 보면서 문자소에 대응하는 음소를 순서대로 조립하여 음절을 만들고 구어단어를 만드는 것이다. 이는 통상적인 학동기 읽기 교육의 초기 단계에 해당한다. 세 번째 단계는 책을 읽으면서 통사론에 맞게 구절이나 문장 단위의 글을 이해하고 책에서 주는 주제나 의도를 이해하는 것이다.

이 세 개의 단계들 가운데 가장 먼저 시행할 훈련은 두뇌 기능 향상에 초점을 맞춘 훈련이다.

이제부터는 읽기 학습을 위한 기초 작업에 해당하는 첫 단계의 치료부터 이야기해 보겠다.

13) 난독증 치료의 첫 번째 단계

첫 번째 단계는 두뇌에서 '읽기'라는 작업을 할 때 필요한 두뇌 기능이 '읽기' 작업을 수행하기에 충분할 만큼 발달하지 못했을 때, 그 부족한 두뇌 기능을 읽기에 적합할 정도로 훈련을 통해서 끌어올리는 것이다. 본격적인 읽기 학습을 하기 전에 읽기에 필요한 두뇌 기능들, 즉 영역 일반의 신경학적 인지 (Domain General Neurocognition), 시각 인지, 청각 인지(기본적인 소리 인지에서 음운 인식을 위한 청각 인지까지), 작업 기억, 주의 집중 등을 향상시키는 것이다. 사실상 과거에는 난독증 치료 방법이 문자 익히기뿐이었기 때문에 무시되었던 단계이지만, 사실은 난독증이 일어난 원인 메커니즘과 두뇌가 책을 읽는 신경생물학적 과정에 비추어 생각해 보면, 읽기에 관여하는 두뇌 기능들 가운데 부족한 기능이 있다면 그 부족한 두뇌 기능부터 향상하는 훈련이 본격적인 읽기 학습을 시작하기 전에 반드시 이루어져야 할 핵심 단계인 것이다. 그리고 이 첫 번째 단계의 훈련은 언어가 달라도 똑같이 적용되는 훈련이다.

읽기에 관여하는 두뇌 기능들 각각의 훈련에 대해 알아보자.

(1) 일반 인지 향상 훈련

무엇을 배우든지 간에 학습이 순조롭게 잘 이루어지려면 인지가 정확하고 빨라야 학습이 쉬워지는데, 시각과 청각 등 다중감각적(Multisensory) 일반 인지 능력이 좋아야 읽기를 잘할 수 있다. 두뇌가 무언가를 배우는 과정에서 감각기관을 통해 들어오는 감각 정보를 인지하는 메커니즘은 영역일반 신경인지 메커니즘(Domain-general Neurocognitive Mechanism)과 영역특정신경인지 메커니즘(Domain-specific Neurocognitive Mechanism)이 있다. 난독증인의 읽기 어려움을 해결하기 위해 직접적으로 읽기훈련을 시키는 것은 주로 영역특정신경인지 메커니즘을 통해 이루어진다. 그런데 실제 어떤 사람의 읽기능력은 영역특정신경인지 메커니즘을 통한 인지기능에 앞서서 언어적이든, 비언어적이든 어떤 정보에 대한 영역일반 순서기억능력

(domain-general serial order memory)에 의한 영향을 상당히 많이 받는다. 따라서 바로 직전에 보거나 들은 것들이 무엇이었는지와 그 순서를 잘 기억하지 못하면 읽기에 문제가 생길 수 있다.

이는 책을 가지고 읽기를 훈련하지 않더라도 시각 정보나 청각 정보를 이용하여 순서에 대한 기억을 향상하는 훈련을 하면 읽기가 향상되는 효과가 있음을 말한다. 다시 말해 일반 인지 능력을 향상해서 실제로 독서 훈련을 하지 않고도 읽기능력을 향상한다는 것이다.

또한, 영역 일반적 인지 능력은 두뇌로 입력되는 감각 정보들(시각, 청각, 촉각 등)의 시간적 순서에 대한 정보 처리(Temporal Processing)를 얼마나 잘할 수 있느냐에 따라 인지 능력에서 많은 차이가 난다.

따라서 시간 정보처리(Temporal processing)를 잘할 수 있도록 훈련하면, 특정 분야의 학습에서뿐만 아니라 무엇을 배우든 광범위하게 도움이 되는 인지 기능을 향상할 수 있고, 이는 곧 두뇌로 입력되는 어떤 정보의 순서에 대한 기억 능력을 향상하여 읽기능력을 끌어 올릴 수 있는 것이다.

즉, 난독증 치료를 위해서 두뇌로 들어오는 감각 정보들의 시간적 정보처리 능력이 향상되도록 훈련하여, 영역일반 신경인지 도구를 활성화하고, 이를 통해 읽기능력을 향상한다는 것이다.

그럼 시간 정보처리(Temporal processing)는 어떻게 하면 향상될까?

최근 20년 사이에 나온 많은 연구를 보면 리듬을 인지하는 능력과 인지된 리듬에 몸동작으로 타이밍을 맞추는 능력을 향상하는 것을 통해서 인간의 시간 정보처리 능력을 향상할 수 있다고 하고, 이 시간 정보처리 능력의 향상이 언어능력과 읽기 능력을 향상한다고 한다.

리듬의 사전적 의미는 '규칙적으로 일어나는 운동으로 강약 요소가 규칙적으로 연속될 때 뚜렷하게 표시되는 운동'이다. 어떤 사람이 리듬을 인지한다는 것은 그 사람이 소리 정보 속에서 강약 요소의 규칙성을 알아내는 것이라 할 수 있다. 우리는 흔히 어떤 사람이 박자에 잘 맞춰 노래를 부르고 음악에 맞춰 춤을 잘 추면, 그 사람은 박자감이 좋다거나 리듬감이 좋다고 말한다. 이렇게 박자에 맞춰 노래를 잘 부르거나 춤을 잘 추기 위해서는 먼저 리듬을 정확히 인지해야 한다. 리듬의 패턴이 어떤 규칙성을 가지고 있는지 모른다면 그 리듬에 행동을 맞추는 것은 당연히 불가능하다. 리듬감이 있는지, 즉, 리듬 인지를 잘 할 수 있는지를 평가하려면 박자에 맞추어 어떤 동작을 실시했을 때, 실시한 그 동작이 박자에서 얼마나 어긋났는지 센서를 이용하여 박자에 어긋난 시간을 측정하면 된다. 어긋난 시간이 0초라면 박자에 정확히 맞은 것이고, 어긋난 시간이 1초, 2초,

3초 등으로 늘어날수록 박자에 잘 맞추지 못하는 것을 의미하며 리듬감이 부족하다고 할 수 있겠다.

이 박자감을 평가하는 방법을 훈련에 적용하면 리듬에 타이밍을 맞출 수 있는 능력(리듬감)을 향상할 수 있어서, 실제 난독증인의 인지 기능 향상을 위해 내가 운영하는 난독증 클리닉에서는 난독증 치료에 이 방법을 적용하고 있다.

우리 클리닉에서의 실제 훈련은 일정한 리듬의 박자를 들려주면서, 그 박자에 맞춰 정해진 동작을 한 회기(세션) 동안 약 2,500번 정도 연속해서 시행하게 한다. 이때 훈련생이 동작을 한 번 할 때마다 센서를 통해 박자보다 빨랐는지, 늦었는지 박자에 어긋난 시간을 측정하여, 실시간으로 그 측정치를 훈련생에게 화면을 통해 알려 줌으로써 훈련생이 다음 동작을 실시할 때는 박자에 좀 더 정확히 맞추도록 해 주는 것이다. 이 훈련을 클리닉에서 시행하다 보면 박자를 인지하는 능력이 많이 부족해서 훈련 초기에는 훈련 상황에서 들려주는 박자를 전혀 인지하지 못하는 경우도 있는데, 이러면 박자에 맞추어 동작을 시행하는 것이 처음부터 불가능하다. 이럴 때는 박자가 아주 뚜렷하게 들리는, 타악기로만 연주된 리듬 음악을 들려주는 훈련 등으로 리듬에 타이밍을 맞추는 훈련에 들어가기 전에 귀에 들리는 소리 속에서 리듬을 찾아 인지하는 훈련을 먼저 시행한다.

이제까지 설명한 내용을 간단히 정리하면, 리듬을 인지하고 리듬에 박자를 맞추는 훈련을 통해 두뇌의 시간 정보처리 능력을 향상해 일반 인지와 읽기능력을 향상한다는 것이다.

두뇌에서의 시간 정보처리
(Temporal processing)

두뇌로 입력되는 시각, 청각, 촉각 등의 감각 정보들을 입력 순서에 맞게 처리하는 것으로 얼마나 정확하면서 빠르게 감각 정보를 순서대로 처리할 수 있느냐 하는 것이 곧 시간 정보처리 능력이다.

많은 연구에서 시각과 청각에 대한 시간 정보처리(Temporal processing)능력이 발달성 난독증과 자폐스펙트럼 장애에서 부족하다는 보고가 있다.

소리 정보처리에서의 시간 정보처리(Temporal processing)는 소리의 시간적 구조를 아는 과정이다.

이 과정에는 '빠르고 연속적인 정보들을 구별되는 하나의 덩어리(event)로 통합하는 시간적 통합(temporal integration)', '시간 측정을 정확히 하는 시간적 해석(temporal resolution)', '듣고

있는 소리의 순서를 아는 시간적 순서 파악(temporal sequenc-
ing)' 등의 세 가지가 있다.

많은 연구에서 두뇌에서 시간 측정의 정확성이 부족한 사람
들, 즉 'temporal resolution'이 부족한 사람들은, 난독증
(Ahissar et al., 2000), 소음 속에서 말소리 인지능력 부족(Snell
et al., 2002), 일상생활 중 언어 인지 결핍(Dreschler&Plomp.,
1985) 등의 문제가 있다고 한다.

따라서 난독증의 원인이 소리의 시간 정보처리 부족 때문인
사람들은 일상생활 속에서 언어 인지가 부족할 수 있고, 특히
소음 속에서 말을 알아듣는 데 어려움이 있을 수 있다.

(2) 시각 인지 훈련

책에 있는 문자단어를 눈으로 보면서 정확하고 빠르게 인지
해야 읽기를 잘할 수 있다. 그런데 인간의 두뇌 안에서 시각 정
보를 처리하여 인지하는 과정은 그렇게 단순하지가 않다. 안구
의 렌즈를 통과한 빛의 자극은 안구 안쪽의 망막이라는 2차원
평면에 상이 맺히게 되고, 이 상은 시신경을 타고 후두엽의 일
차시각영역으로 전달된다. 일차시각영역에 도달한 시각 정보는
좀 더 고차원적인 정보처리를 위해 두 가지 시각 경로(무엇 경

로'와 '어디로 경로')로 전달된다. 이러한 정보 처리 과정의 초기에는 선들의 방향이 인지되고, 회로들로 연결된 이차시각영역에서는 점차 복잡한 정보 처리 과정들이 관여하면서 선들이 모여서 만든 도형 인지, 색깔 인지, 3차원 입체 구조 인지, 사람의 얼굴 인지, 문자 인지 등이 이루어진다.

책을 읽을 때 정확하고 빠른 시각적 인지를 하기 위해서는 두뇌의 시각 경로 두 개 ―'무엇 경로(What pathway)'와 '어디로 경로(Where pathway)'―가 모두 잘 발달해 있어야 한다. 책을 왼쪽에서 오른쪽으로 한 줄씩 순서대로 읽는 과정에서 글자를 구별하여 무슨 글자인지를 알아내는 시각적 표상의 인지는 움직이는 목표물(읽고 있는 문자)을 보면서 동시에 그 목표물의 미세한 모양 차이를 찾아서 형태를 구분하는 일이다. 이는 시각적으로 형태 인지와 움직임 인지가 동시에 잘 이루어져야 하는 과정이다. 이 과정들이 순조롭게 잘 진행되기 위해서는 문자의 형태 인지에 특화된 시각 뉴런들이 잘 발달해야 하는 것은 물론이고, 동시에 움직임 인지에 관여하는 뉴런들이 신경회로에서상의 움직임 인지를 잘할 수 있도록 효율적으로 조절해 주어야한다.

이런 과정이 원활하지 않으면 읽기의 정확성이 부족해지기 쉽고, 독서 후에 느끼는 읽기 피로도 또한 남들보다 많이 느낄 수있다.

내가 난독증 치료에 실제 사용하는 시각 인지 향상 프로그램은 컴퓨터 게임 형식의 프로그램들이다. 모니터 화면에 움직이는 목표물을 보여 주고 눈동자를 움직여 목표물을 따라가게 하거나, 빠르게 문자를 보여 줬다가 지우고 좀 전에 보여 준 문자가 무엇이었는지를 맞히도록 한다. 또는 문자 여러 개를 하나씩 보여 주고 나서 보여 준 문자의 나열 순서를 기억하도록 하는 것, 그리고 문자를 보여 주고 바로 지운 뒤 직전에 본 것을 머릿속에 시각화해서 떠올리게 하는 것 등을 비롯해 많은 프로그램이 있다. 이 중에서 개개인에 따라 부족한 부분과 필요한 부분이 다르므로 사람에 따라 그 사람에게 필요한 항목들을 골라 훈련한다.

(3) 청각 인지 훈련

두뇌가 문자단어를 읽는 과정 가운데 시각적 표상의 형태로 만들어진 글자라는 암호를 소리 정보로 변환하는 단계가 있다. 그런데 가령 어떤 사람이 소리의 높낮이를 전혀 인지하지 못한다고 하자. 그러면 그 사람은 소리 구조상 'ㅂ'과 'ㅍ'의 높낮이만 차이 나고 음절을 구성하는 나머지 소리 성분이 똑같은 두 개의 음절 '밥'과 '팝'을 말소리로 듣고 구분하는 것이 불가능하게 된다. 이렇게 소리로 듣고 구분하는 게 불가능한 상태에서는 그 사람이 '팝'이라는 문자를 보면서 이를 소리 정보로 변환하여 소리 내어 읽으려고 할 때 '밥'으로 읽어야 할지, '팝'으로 읽어야 할지 알 수 없게 된다. 두 음절의 소리 특성은 'ㅂ'과 'ㅍ'의 높낮이 차이만 있기 때문이다. 이렇게 음치인 사람은 두 개의 음절이 음절을 구성하는 음소 한 개의 높낮이 차이만 있고 음절값의 다른 요소들이 같으면, 그 두 음절의 소리를 구분하기가 어렵다. 어떤 문자소(Grapheme)에 어떤 음소(Phoneme)를 대응시켜야 맞는 건지 정확하게 정보를 처리할 수 없기 때문이다.

소리의 미세한 차이를 구분해야 인지할 수 있는 구어언어의 특성상 정확하고 빠른 읽기를 위한 전제 조건으로 말소리 속의 미세한 소리 특성을 인지하는 능력이 필요하다. 즉, 좋은 읽기회로가 형성되기 위해서는 좋은 언어회로가 있어야 하는 것이다.

강아지 짖는 소리처럼 동물이 내는 소리, 방문을 닫는 소리, 사람이 말하는 소리 등을 구분하는 것은 사람이 말하는 소리 중에서 '엄마'라는 단어를 말했을 때와 '옴마'라는 단어를 말했을 때를 구분해서 인지하는 것보다 쉽다. 환경 속의 소리는 음절 단위의 소리를 구분하지 않더라도 큰 틀에서 소리의 윤곽을 인지하면 무슨 소리인지 구분할 수 있지만, 구어언어는 최소한 음절 단위의 소리 차이를 구분할 수 있어야 알아들을 수 있다.

더 정확하게 구어언어를 인지하려면 말소리 속에서 음절을 구성하는 최소 단위의 소리인 음소를 구분할 수 있어야 정확하고 명료하게 인지할 수 있는 것이다. 음소 단위로 소리를 정확히 인지하지 못하는 사람은 말할 때 발음이 부정확하여 말소리가 흐릿하게 뭉개지며, 읽기를 배울 때 파닉스에 맞춰 읽기를 배울 수 없게 된다.

인간이 태어나서 모국어 환경에 적절히 노출되면, 대부분의 아기에게서는 생후 2개월경부터 두뇌 안에 언어를 담당하는 뉴런들이 반응하기 시작한다. 물론 적절한 모국어 환경에 노출되는 환경에서 살아가는 데도 불구하고 언어발달이 이루어지지 않아 언어발달장애를 겪는 아이들도 있지만, 특별히 모국어는 배우려고 노력하지 않아도 적절한 언어 자극을 받을 수 있는 환경에서 살아가기만 하면 우리의 두뇌는 언어회로를 만들도록 예정되어 있는 것이다.

그런데 비슷한 언어 환경에서 자란 사람들 사이에서도, 심지어는 같은 집에서 태어난 형제자매들 사이에서도 언어발달의 정도는 개인마다 다르다. 왜 그런 일이 벌어지는지를 완벽하게 설명할 수는 없지만, 언어발달이 이루어지는 과정 가운데 초기 단계에서부터 문제가 있었을 가능성이 있다.

언어의 발달은 듣기가 말하기보다 먼저이다. 언어발달에 문제가 있는 아이들 가운데는 언어발달이 아주 안 되는 아이들도 있지만, 대개 언어발달이 전혀 안 되는 아이들보다는 언어발달이 늦은 아이들이 많다. 그런 언어발달의 문제를 가진 두 돌 이전 아이들의 어머니들이 자주 하는 말을 들어보면, "우리 아이가 말을 알아듣는 데는 문제가 없는데 한 마디도 말을 안 해요."라는 이야기를 많이 한다. 그런데 사실 그런 아이들 대부분은 말을 알아듣는 데 문제가 있다. 말을 하려면 말을 하는 데 필요한 재료들(음소들의 소릿값, 음절들의 소릿값, 단어들의 의미 등)이 머릿속에 저장되어 있어야만 그 재료들을 이용하여 말을 만들어 입으로 표현할 수 있게 된다. 말하는 데 필요한 재료들은 결국 들은 소리를 모방하거나 말을 듣고 따라 하기 위해서 필요한 것들인데, 이 재료 확보를 위해서는 먼저 듣기를 정확히 해서 뇌로 전달된 소리 정보를 정확히 인지하여 기억하고 있어야 한다. 이때 인지되지 않은 소리 정보를 기억하는 것은 불가능하고, 기억된 게 없는 상태인데 소리를 들었던 것과 똑같이 만들어 발성하는 것도 불가능하다. 정확하게 성대모사를 하기 위해서는 먼저 흉내 내려는 소리를 정확히 인지하고 기억해야 한다. 이렇듯 소리의 인지가 정확하지 않으면 소리를 기억하는 것이 어렵고, 기억하고 있는 그 소리도 정확하지 않게 된다. 기억된 소리가 정확하지 않은 상태에서는 정확한 단어를 만들어 발성할 수 없다. 이것이 듣기가 말하기보다 먼저 발달하는 이유이다. 언어발달이 늦은 아이들의 어머니들이 "알아듣기는 하는 데 말을 안 해요!"라고 하는 말은, 사실상 정확히 알아듣는 게 부족해서 저장된 구어언어 정보(말하는 데 필요한 재료)가 부족하므로 입으로 출력할 말이 없어서 말을 안 하는 경우일 가능성이 매우 크다.

만약 성대모사를 원음과 똑같이 할 수 있는 사람이 있다면, 그 사람은 청각적 인지 능력이 매우 좋은 사람으로 남들보다 외국어를 배우는 데도 유리할 수 있을 것이다.

구어언어는 쪼개고 쪼개면 말소리의 최소 단위인 자음과 모음으로 구성된 음소들이 된다. 역으로 말소리의 최소 단위인 자음과 모음의 음소들이 모여서 음절이 만들어지고, 음절들의 조합으로 단어가 되며, 단어를 나열하고 조사를 붙이면서 맥락이 있고 의미가 전달되는 의사소통 도구로써의 구어언어가 된다. 말소리 안에 들어 있는 소리의 최소 단위인 음소를 정확히 인지하지 못하면 말을 정확히 알아듣고 정확한 발음으로 말할 수 없게 된다.

문자는 말(Speech)을 시각적 표상 암호로 만든 것이므로, 글을 읽는다는 것은 그 암호를 풀어 언어로 이해하는 과정이다. 따라서 읽기의 과정 중 초기 단계는 문자소를 눈으로 보고서 그에 상응하는 소리에 대응하여 음절을 만드는 것이다. 음절을 만든 이후에는 음절들의 조합으로 만들어진 단어를 인지하여, 인지된 단어들의 연결로 이루어진 문장을 구어언어로 이해하는 것이다. 이 과정에서 소리의 미세한 차이를 구분하는 청각 인지 능력이 부족하여 태어나서 제일 처음 배우는 구어단어인 '엄마'라는 문자단어를 보고 읽으려고 하는데, 소리를 구분하는 인지 능력의 부족으로 '어'라는 소리를 '아'인지, '에'인지, '이'인지, '오'인지, '우'인지 구분하지 못한다면 '엄마'라는 문자단어를 보면서 '암마'로 읽을지, '엠마'로 읽을지, '임마'로 읽을지, '옴마'로 읽을지, '움마'로 읽을지 알 수가 없는 것이다. 즉, 문자단어를 읽으려고 해도 눈에 보이는 문자단어를 어떤 소리소(음소)에 대응시켜서 읽어야 할지 알 수 없는 것이다. 즉, 난독증이 있는 아이들의 유아기 증상 중에 또래 같은 월령의 아이들보다 발음이 부정확해서 음절의 명료도가 떨어지는 경우가 많은 이유가 구어언어 속에 들어 있는 소리의 미세한 차이를 구분해서 인지하는 능력이 부족하기 때문일 수 있다.

　난독증이 있는 아이들의 치료에서 반드시 고려되어야 할 부분이 바로 이 부분이다. 이제까지 대부분의 난독증 치료는 읽기의 어려움을 해결하기 위해서 과거부터 해 오던 '보통의 읽기 교육법'으로 읽기 습득이 안 됐던 아이들에게 그 똑같은 '보통의 읽기 교육법'을 가지고 엄청나게 많은 시간을 투자해서 반복적으로 'ㄱ', 'ㄴ', 'ㄷ', 'ㄹ' … 'ㅏ', 'ㅑ', 'ㅓ', 'ㅕ' 등과 같은 음소들의 소릿값을 가르치고, 음소들을 조합해서 '가', '나', '다', '라' 등의 음절 만들기를 연습시키는 것이 대부분이다. 이때 말소리의 음절 속에 들어 있는 음소들을 구분하여 그 소릿값들의 미세한 차이를 빠르고 정확하게 구분해서 인지하는 능력이 부족하기 때문에 읽기 학습이 안 되는 아이들에게 무턱대고 '박'이라는 글자를 보여 주면서 "'ㅂ'에 'ㅏ'가 붙으면 '바'야. 그리고 '바'에 'ㄱ'이 받침으로 붙으면 '박'이야."라고 설명하면서 이렇게 생긴 글자는 '박'이라고 읽는다고 가르치면 이해하지 못하는 경우가 많다. 이는 앞에서도 이야기했지만, 집을 지을 때 땅을 파고 기초 공사부터 해야 함에도 불구하고 기초 공사는 무시한 채 이층집을 올리려고 하는 것과 다르지 않다.

이렇게 글을 배우기 전에는 말소리의 최소 단위인 음소부터 정확히 인지하는 것이 필요한데, 음소들을 정확히 인지하려면 소리의 미세한 특성들을 인지할 수 있어야 한다. 그 소리의 미세한 특징들에는 어떤 것들이 있는지 알아보자.

첫 번째는 '두 소리 사이의 시간적 간격'이다.

음절을 구성하고 있는 구성 음소들을 인지하기 위해서는 음소와 음소 사이에 있는 아주 작은 시간적 간격을 인지할 수 있어야 한다.

'가'라는 음절 속에 들어 있는 'ㄱ'과 'ㅏ'라는 구성 음소들을 인지하기 위해서는 두 소리 사이에 존재하는 시간적 간격을 알아차려야 가능하다. 통상적인 말소리 속에서 '가'라는 음절은 'ㄱ'

과 'ㅏ' 사이의 시간 간격이 1,000분의 8초 정도 된다. 그런데 어떤 사람이 1,000분의 20초 간격의 두 신호음을 두 개의 소리로 인지하는 데는 문제가 없지만, 1,000분의 10초 간격의 두 신호음을 한 개의 소리로 인지하였다면, 그 사람은 '가'라는 음절을 'ㄱ'과 'ㅏ'라는 구성 음소들의 성분으로 나누어 인지하는 것이 불가능할 것이다. 왜냐하면, 1,000분의 8초라는 시간적 간격은 이 사람의 머릿속에는 존재하지 않는 시간 간격이라서 'ㄱ'과 'ㅏ'가 동시에 들리는 소리이고, 따라서 이 사람에게 '가'는 분리할 수 없는 하나의 소리로 인지되기 때문이다. 이렇게 두 개의 소리 사이에 존재하는 아주 작은 시간적 간격을 인지하지 못하는 사람은 읽기를 음운 규칙(Phonics)에 따라 배우는 것이 불가능하다. "'ㄱ'에 'ㅏ'가 붙으면 '가'야."라고 아무리 가르쳐도, 이 사람은 "'가'면 그냥 '가'지, 그 속에 'ㄱ'이 어디 있고 'ㅏ'가 어디 있어?"라고 물을 것이다. 즉, '가'를 '통글자' 상태로 보고 표상 읽기(Logograhic Reading)로 읽을 수는 있지만, 'ㄱ'에 'ㅏ'가 붙어서 '가'라고 파닉스(Phonics)에 근거해서 읽지는 못하기 때문에 '가'라는 글자를 평소 익혔던 것과 다른 글씨체로 써 놓거나, 글씨의 크기가 다르거나, 글씨가 쓰여 있는 책의 바탕색이 다르거나 하는 등의 문제로 전에는 읽을 수 있었던 글자를 전과 다른 상황에서는 읽지 못하는 황당한 일이 벌어진다.

　두 소리 사이의 아주 작은 시간적 간격을 인지하는 능력

(Sound Gap Detection)은 사람마다 다르다. 그러면 두 소리 사이의 시간적 간격을 측정하는 방법에 대해 알아보자.

대부분의 사람에게 두 개의 신호음을 1초 간격으로 '따~~~~~따' 들려주고 지금 들은 소리가 몇 개였는지를 물으면 두 개라고 대답할 것이다. 그다음에 두 개의 신호음을 0.8초 간격으로 '따~~~~따' 들려주고 지금 들은 소리가 몇 개였는지를 물으면 역시 두 개라고 대답할 것이다. 그다음은 두 개의 신호음을 0.6초 간격으로, 그다음에는 두 개의 신호음을 0.4초 간격으로, 0.2초 간격으로, 0.1초 간격으로….

이렇게 두 소리 사이의 시간적 간격을 줄이면서 두 개의 신호음을 주고 지금 들려준 소리가 몇 개의 소리였는지를 묻는 테스트를 계속하다 보면, 어떤 사람은 두 개의 신호음 사이가 1,000분의 20초일 때 소리가 하나라고 대답하고, 어떤 사람은 1,000분의 10초일 때 하나의 소리라고 대답하며, 또 다른 사람은 1,000분의 5초일 때 소리가 하나라고 대답하는 등 사람마다 다르게 대답할 것이다.

두 소리 사이의 시간적 간격 인지 능력은 개인 간에 차이는 있지만, 누구든지 태어나서부터 나이가 듦에 따라 점차로 발달하는 청각 인지 능력이다. 대개 읽기 학습 과정의 초기 단계인 문자소를 가지고 음소로 변환하여 음절을 만드는 과정을 배우기 위한 최소한의 '두 소리 사이의 시간적 간격 인지 능력'은 만

5세(생후 60개월) 정도 되어야 형성된다. 그러므로 음절을 음소로 쪼갤 수 없는 생후 60개월이 안 된 아이들에게 읽기를 가르치는 것은 전혀 소득 없는 일에 시간을 낭비하는 것일 수 있다. 물론 개인마다 차이가 있어서 남들보다 더 이른 나이에 소리의 시간적 간격 인지 능력이 발달하는 아이들도 있으므로 읽기가 더 이른 나이에 가능한 경우도 있기는 하다.

두 번째는 '소리의 나열 순서'이다.

세 개의 모음과 자음 'ㅏ', 'ㅂ', 'ㄱ'을 가지고, 'ㅂ', 'ㅏ', 'ㄱ'이라는 순서로 나열했을 때는 '박'이라 발음하고, 나열 순서를 'ㄱ', 'ㅏ', 'ㅂ'의 순서로 했을 때는 '갑'이라고 발음한다. 이렇게 같은 음소들을 가지고 음절을 만들어도 음소들의 나열 순서에 따라 다른 음절값을 가진 글자들이 만들어지는 것이다. 그렇다면 책을 읽을 때 글자를 보면서 음절을 만드는 과정에서 음절을 구성하는 음소들의 나열 순서를 아주 빨리 알아차리는 사람과 상대적으로 나열 순서를 알아차리는 게 느려서 시간이 오래 걸리는 사람이 있다면, 소리의 순서를 인지하는 능력이 좋아서 빨리 소리의 나열 순서를 알 수 있는 사람은 소리의 나열 순서를 인지하는 게 느린 사람보다 읽기 속도가 빠를 것이다.

세 번째는 '소리의 높낮이'이다.

말소리의 최소 단위인 음소들은 음정이 높은 소리도 있고 낮은 소리도 있다. 'ㄱ'과 'ㅋ', 'ㄷ'과 'ㅌ', 'ㅂ'과 'ㅍ' 등은 소리 성질이 비슷하면서 높낮이의 차이가 있는 음소들이다. 이를 소리로 듣고 인지하는 데 어려움이 있는 사람들은 문자소를 보면서 소리로 변환하려고 할 때 어떤 소리로 변환해야 할지를 몰라 어려워한다. 결국, 글을 읽을 때 어떤 소리로 읽어야 할지를 망설이다가, 소리 내어 읽는 과정에서 발음을 틀리거나 'ㅂ'도 아니고 'ㅍ'도 아닌 어중간한 발음으로 읽기 때문에 듣는 사람이 잘 알아듣지 못하는 부정확하고 뭉개지는 발음으로 읽게 된다. 이는 난독증이 있는 사람들이 종종 발음이 부정확한 증상을 보이는 이유 중 하나이기도 하다.

네 번째는 '소리의 길이'이다.

두 개의 소리를 들었을 때, 그 두 소리의 길이가 많이 차이가 나면 두 소리의 길이가 다르다는 사실을 누구나 쉽게 알 것이다. 그렇지만 두 개의 소리에서 길이 차이가 아주 작다면 두 소리의 길이가 다르다는 것을 알기가 쉽지 않다. 그런데 말소리 가운데에서 소리의 길이 차이를 잘 알지 못하면 '눈(eye)'과 '눈(snow)'처럼 소리의 길이에 따라 의미가 다른 단어를 구분하기가 어려워진다. 또한, 길이 차이를 잘 모르면 문장이나 말속에

서 느낌(뉘앙스)을 알기도 어렵고, 심하면 띄어 읽기도 잘하기가
어려워 읽을 때 의미를 쓰인 것과 다르게 이해하기도 한다. 예
를 들어, "잘한다."와 "잘~~~ 한다."라는 말은 구성 음절 세 개
는 같지만, 의미나 느낌이 완전히 다르다.

　이처럼 말소리 속에 들어 있는 소리를 구분하는 데 필요한 소
리의 미세한 특성을 구별하는 인지 능력을 향상하는 일이 읽기
습득이 어려운 난독증 아이들에게 선행되어야만 읽기 학습이
잘 이루어질 수 있다.
　이렇게 소리의 미세한 특성을 인지하는 능력은 환경 속의 자
극에 대한 경험을 통해 나이가 들면서 자연스럽게 신경발달이
이루어지는 것이다. 발달이 제대로 이루어지지 않은 사람들의
발달을 유도하기 위해서는 살아가면서 자연스럽게 환경 속에서
접하게 되는 자극보다 훨씬 더 강하고 반복적인 자극들이 필요
하다.
　두뇌가 책을 읽는 과정의 시작 단계는 문자소와 음소를 연결
하는 것이고, 말소리 구별에 필요한 소리의 미세한 특성들 가운
데 두 소리 사이의 간격 인지와 소리의 높낮이 인지는 음절 속
에서 음소를 찾는 데 제일 중요한 요소이다. 음소를 청각적으
로 구분하는 데 어려움이 있다면 눈으로 보는 문자소를 어떻게
소리로 만들어 낼지 알 수 없으므로 읽기에서 소리의 높낮이

인지와 소리의 간격 인지는 아주 중요하다고 할 수 있다.

소리의 높낮이 인지와 난독증의 관계에 대한 연구를 보면, 일반 인구에서 선천성 음치의 비율은 4% 정도인데, 난독증이 있는 사람들의 선천성 음치 비율은 80% 정도로 난독증인의 음치 비율은 일반 인구의 20배에 달한다.

난독증의 발생 메커니즘은 굉장히 많은 요인에 의한, 복합적인 것이다. 그 때문에 음의 높낮이 인지를 잘할 수 있는데도 난독증이 있을 수 있고, 난독증인의 치료 목적으로 음의 높낮이 인지를 훈련하여 음치 상태가 해결되었는데도 난독증은 계속 남아 있을 수도 있다. 그렇지만 음치인 난독증인들이 훈련으로 음의 높낮이 인지 능력이 좋아지면, 대부분의 난독증인 읽기능력 향상에 도움이 된다.

그러면 소리의 높낮이 인지는 어떻게 하면 향상될까?

우리 클리닉에서는 장비를 사용해서 가공된 음악을 만들어 들려주거나 주파수 영역대별로 소리를 만들어 들려주는 방식으로 소리의 높낮이 인지를 훈련한다.

두뇌의 청각 영역에는 소리 정보를 인지하는 청각 뉴런들이 있고, 이들 청각 뉴런들이 '소리의 높낮이 인지'라는 임무를 수행한다. 이때 청각 담당 뉴런들은 각자 자기가 인지를 담당하는 높이가 있다. 그런데 청각을 담당하는 뉴런들이 자기가 담

당하는 주파수 영역대의 소리 정보를 처리하여 소리의 높낮이
를 인지해야 하는 상황에서 자기의 역할을 제대로 해내지 못하
는 난독증인들에게 훈련을 통해 소리의 높이 인지를 할 수 있
게 해 주는 것이다.

난독증과 음치 연구─난독증과 음치 사이에 보이는
동반 질환과 인지적 공통점
(Comorbidity and cognitive overlap between developmental
dyslexia and congenital amusia)

 난독증 성인의 80%가 실음악증(amusia)이고, 실음악증
성인의 30%가 난독증이다.[12]

---

12)   Cognitive Neuropsychology [Cogn Neuropsychol] 2019 Feb 20, pp.
       1─17. *Date of Electronic Publication*: 2019 Feb 20.

소리 정보에서 주파수 인지

환경 속에서 우리가 살면서 듣는 말소리나 음악은 물리학적으로 무수히 많은 사인파(Sine Waves)들의 합이다. 소리 가운데 어떤 사인파가 1초에 몇 번 반복되느냐가 그 소리의 주파수이고, 사람의 뇌에서는 그것을 음의 높이로 인지하게 된다. 이때 주파수가 높을수록 고음으로 인지하고 낮으면 저음으로 인지한다.

뇌의 일차청각피질에서는 특정 주파수를 인지하는 뉴런들이 영역대별로 분포하고 있으며, 주파수대 영역이 다른 뉴런들은 각각 인지하는 소리의 높이가 다르다.

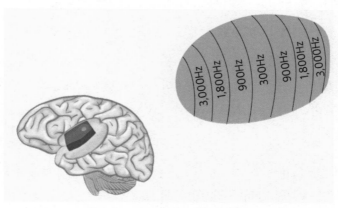

〈그림 8. 소리의 주파수에 따른 청각 영역의 구획들〉

소리의 간격, 길이, 순서의 인지는 두뇌에서의 시간 정보처리 (Temporal Processing) 능력이 향상되면 좋아질 수 있다. 앞의 일반 인지에 관한 내용에서 언급된 리듬 훈련이 두뇌의 시간 정보처리 능력을 향상시키므로, 리듬 훈련을 통해 소리의 간격이나 길이, 순서 인지능력을 향상할 수 있는 것이다. 또한, 말소리에서의 시간적인 미세한 차이를 구분하는 데는 두뇌 안에 시간에 대한 정보를 처리하는 시스템이 있어야 한다. 예를 들어, 세 음절로 구성된 '문방구'라는 단어를 시간적 요소에 따라 분석하면, 'ㅁ'은 1,000분의 20초 길이의 소리이고, 'ㅁ'과 'ㅜ' 사이에는 1,000분의 8초 정도 되는 시간적 간격(Sound Gap)이 있으며, 'ㅜ'는 1,000분의 200초 길이의 소리이다. 또한, 'ㅜ'와 'ㄴ' 사이는 1,000분의 8초의 시간 간격, 'ㄴ'은 1,000분의 20초 정도 지속되는 소리이다. 따라서 '문'이라는 음절은 보통 속도의 말소리 속에서 1,000분의 300초 정도 된다. 우리가 말소리 속에서 자연스럽게 '문방구'라는 단어를 인지하여 이해하는 능력을 갖추고 있다는 것을 고려해 볼 때, 아마도 모든 사람의 두뇌 안에는 분명 1,000분의 1초 단위의 시간을 감지하는 시계가 있을 거라 생각된다. 따라서 그 두뇌시계를 빠르고 정확하게 말소리 정보 속의 시간 정보처리를 잘할 수 있는 품질 좋은 시계로 훈련할 수 있다면, 언어발달이나 읽기발달에 도움을 줄 수 있을 것이다.

물론 음운인식에는 소리의 높낮이 인지도 중요하게 관여한다.

두뇌시계 이론(Brain Clock Theory)

두뇌시계 이론(Brain Clock Theory)은 두뇌에는 시계가 있어서 여러 가지 감각 정보에 대한 정보 처리 과정에서 시간적인 면을 처리하여 정보의 정확한 인지에 관여한다는 이론이다.

두뇌시계 이론에 따르면 여러 종류의 시간 정보를 처리하는 여러 개의 시계가 있을 것으로 추측되는데, 밤에는 졸음이 오고 아침에는 깨어나서 식사 때는 배가 고파지는 24시간 주기(Circardian Rhythm)를 감지하는 '생체주기감지시계(Circardian Rhythm System)'가 있고, 똑딱똑딱 초 단위의 시간 길이를 감지하면서 어떤 일을 시작하여 지금 어느 정도의 시간이 경과했는지를 감지하는 '시간간격감지시계(Interval Timing System)'도 있으며, 말소리 속에서 음절을 음소로 나누어 인지하는 현상을 보면 1,000분의 1초 단위의 시간 차이를 감지하는 '밀리세컨감지시계(Miliseconds Timing System)'도 있을 것이다. 또한, 소리를 들었을 때 그 소리가 어느 쪽에서 들리는 것인지를 아는 데 약 17cm 떨어진 양쪽 귀로 들어오는 소리의 시간 차를 가지고 소리의 위치를 알아내므로 1,000,000분의 1초 단위를 감지하는 '마이크로세컨감지시계(Microseconds Timing System)'도 있을 것이다.

이런 여러 가지 두뇌시계 가운데 '생체주기감지시계'는 비교적 연구가 많이 되어 있어서 위치는 시교차상핵(Suprachiasmatic Neucleus) 부위에 있으며, 눈으로 들어오는 빛의 자극에 의해 작동된다고 알려져 있다.

그런데 인간의 인지 과정 현상들을 놓고 보면 두뇌에는 생체주기감지시계 말고도 분명히 다른 종류의 시계가 있을 것이라 여겨진다. 다만 두뇌 안에 시계가 실제로 어느 위치에 있는지, 어떻게 작동되는지는 최근까지 거의 알려지지 않았다. 이렇게 20년 이상 두뇌시계 이론이 거론되기는 하였지만, 작동 메커니즘이나 두뇌시계의 위치는 모르는 상태였다. 최근 들어서 두뇌시계가 공간적 정보와 시간적 정보를 통합하여 기억하는 데 관여한다는 것이 알려졌고, '내비상피질−해마 회로(Entorhinal cortex − Hippocampus Circuits)'라는 두뇌 회로에서 작동된다는 것이 알려졌다. 또한, 감각 정보 속의 시간적인 면을 인지하는 데 관여하는 두뇌시계는 해마 경계면의 '내비상피질(Entorhinal Cortex)' 부위에 있다는 연구 결과가 보고되었다.

여러 가지 두뇌시계 가운데 인간의 구어언어 생활과 직접적으로 연관 있는 시계는 '밀리세컨감지시계'이다. 구어언어의 말소리를 쪼개서 말소리의 최소 단위인 음소들을 인지하고, 음소들의 나열 순서를 정확하고 빠르게 인지하는 데 관여하는 것이 '밀리세컨감지시계'인 것이다. 예를 들어, '박'이라는 하나의 음절을 구성하는 음소들을 보면 'ㅂ', 'ㅏ', 'ㄱ'이다. 이때 자음의 길이는 1,000분의 20초(20ms) 정도 되고, 모음의 길이는 1,000분의 200초(200ms) 정도 되며, 음소 간의 시간 간격인 'ㅂ'과 'ㅏ'

사이의 간격과 'ㅏ'와 'ㄱ' 사이의 간격은 1,000분의 8초(8ms) 정도 된다. 그리고 음소들의 나열 순서가 'ㅂ', 'ㅏ', 'ㄱ'일 때는 '박'이지만, 'ㄱ', 'ㅏ', 'ㅂ'이면 '갑'이 되는 것이다. '박'이라는 한 음절의 소리를 듣고 구성 음소들 세 개를 분리해서 그 음소들의 순서를 파악하여 '박'이라는 음절의 정확한 인지를 하기 위해서는 말소리 속에서 한 음절이 지속되는 총 시간적 길이인 약 1,000분의 300초(300ms)라는 시간을 1,000분의 1초 단위로 쪼개어 감지하지 못한다면 어려울 수밖에 없다. 이런 이유로 '밀리세컨감지시계'가 제대로 작동하지 않는다면 말소리의 최소 단위를 빠르고 정확하게 인지하지 못하게 되고 이는 곧 언어와 읽기능력에 문제를 일으키게 된다.

두뇌시계 이론에 비추어 보면, 난독증의 원인이 되는 여러 가지 두뇌 기능의 문제 가운데서도 주된 문제는 음운인식의 문제이고, 음운인식의 주된 문제는 '밀리세컨감지시계(Miliseconds timing system)'의 문제라고 할 수 있다.

두뇌 안에서 작동 중인 '밀리세컨감지시계'의 기능을 향상하는 방법으로는 청각 신호로 들려주는 일정한 박자에 맞춰 동작을 시행하도록 한 후, 동작마다 박자에 어긋난 시간을 알려주어 다음 동작은 박자에 맞추어 시행하게 함으로써 훈련한다. 이는 앞에서 언급한 두뇌의 시간 정보처리(Temporal processing) 능력을 향상하는 리듬인지와 타이밍 맞추기 훈련과 같은 방법이다. 그런데 1,000분의 1초 단위의 시간은 인간이 의식 속에서 인지할 수 있는 시간의 단위가 아니다. 따라서 '밀리세컨감지시계'를 훈련하려면 박자에 얼마나 정확하게 동작을 시행하여 얼마만큼 박자를 잘 맞추었는지를 측정하는 장비가 있어야 가능하다. 이때 그 장비의 시간을 측정하는 단위는 보통의 시계처럼 초 단위의 시계로는 안 된다. 1,000분의 1초 단위의 시계여야 한다. 따라서 1,000분의 몇 초가 어긋났는지를 정확히 측정하여 알려줄 수 있는 정밀한 장비가 필요하고, 우리 클리닉에서는 1,000분의 1초 단위로 정밀도가 인정되는 장비를 이용하여 난독증인들을 훈련하고 있다.

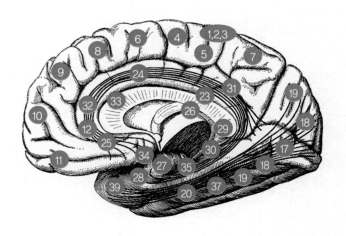

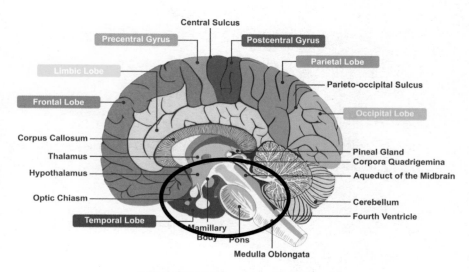

〈그림 9. 내비상피질(Entorhinal Cortex)〉[13]

---

13)   출처: 네이버.

7. 난독증

(4) 시각 정보와 청각 정보의 동기화 훈련

시각 인지와 청각 인지가 개별적으로는 모두 잘된다고 하더라도, 책을 읽는 과정은 쓰여 있는 문자들을 순서대로 빠르고 정확하게 그리고 연속적으로 시각적 암호인 문자소(Grapheme)를 소리 정보인 음소(Phoneme)로 변환하는 과정이다. 그 과정이 잘 이루어져야만 원활한 읽기를 할 수 있다. 책을 읽을 때는 한 음절만 읽는 것이 아니고, 여러 음절을 순서대로 읽으면서 단어로 만들고, 단어의 뜻을 알고 나서는 나열된 단어들과 문법적인 요소들을 이용하여 구절의 의미와 문장 전체의 의미를 이해해야 한다. 그렇게 책을 읽는 내내 연속적이면서도 빠르고 정확한 시각 정보와 청각 정보의 동기화가 있어야 원활한 읽기를 할 수 있다.

클리닉에서의 실제 훈련은 컴퓨터 프로그램을 이용하는데, 이 프로그램에 대해 간략히 소개하겠다. 훈련생에게 소리를 들려주면서 동시에 화면에는 지금 듣고 있는 소리의 특징을 그림으로 표현하는 영상을 보여 준다. 즉, 소리의 높낮이, 소리의 길이, 소리의 크기, 소리의 간격 등을 화면에 크고 작은 여러 개의 직사각형을 순서대로 늘어놓는 방법으로 청각 정보인 소리를 시각 정보인 도형으로 표현하는 것이다. 높은 소리는 직사각형을 화면의 위쪽에, 긴 소리는 직사각형의 가로 길이가 길게, 큰 소리는 직사각형의 면적이 넓게, 소리들 사이의 간격은 직사각형과 다음 직사각형 사이의 빈 공간의 길이로 표현한다. 그리고는 스피커에서 들리는 소리와 그 소리를 도형으로 모니터 화면에 보여 준 영상이 일치하였는지 여부를 훈련생에게 물어보는 방식의 훈련을 진행한다. 이후에는 점점 더 빠르고 복잡한 소리 정보를 훈련에 적용하면서 최대한 정답률을 높이도록 훈련한다.

(5) 작업기억 훈련

작업기억(Working Memory)은 장기기억과는 달리 장기기억 속에 저장되지는 않았지만, 방금 전에 보거나 들은 것을 일시적으로 머릿속에 떠올릴 수 있는 기억으로 어떤 면에서는 컴퓨터의 램(RAM) 메모리에 비유할 수 있다. 두뇌 안 어딘가에 존재하면서 썼다 지웠다 할 수 있는 인지적 칠판이라 할 수도 있는 기억의 한 종류이다.

책을 읽을 때 눈에 보이는 문자소를 음소로 만든 다음, 음소들을 순서에 맞게 모아 음절을 만들고, 음절들을 모아 단어를 만든 다음, 어구와 문장을 이해하는 과정에서 바로 직전에 눈으로 보았던 것들을 머릿속에 떠올리고 있지 않으면 전체적인 글의 내용을 이해하기 어렵다. 그런데 직전에 보았던 것을 머릿속에 떠올리는 것을 무척 힘들어하는 사람들이 있다. 예를 들어, "학습장애 아이들의 어려움을 이해하고 도와주어야 한다."
라는 문장을 읽는다고 할 때, 문자 학습 초기인 저학년 때는
첫 번째 글자를 보면서 'ㅎ'에 'ㅏ'가 붙어서 '하', 그리고 '하'에 'ㄱ'
이 붙어서 '학'이라고 읽은 다음, 두 번째 글자 'ㅅ'에 'ㅡ'가 붙어
서 '스', '스'에 'ㅂ'이 붙어서 '습'이라고 읽는다. 그런데 두 번째 글
자를 머릿속에서 음절로 만드는 사이에 첫 번째 글자가 무엇이
었는지를 잊어버린다면 '학' 자를 읽기 위해 음절 만드는 계산
을 다시 해야 하는 일이 벌어질 수 있다. 또한, 학년이 올라가서
읽기 수준이 조금 나아져도 '학습장애'라는 네 음절 단어를 보
는 데까지는 문제가 없었지만, 다음 단어인 '아이들의'를 읽는
사이에 앞에 보았던 단어인 '학습장애'를 잊어버린다면 앞에 봤
던 단어를 다시 보느라 읽기를 제대로 빨리 할 수 없게 된다.

　이렇듯 바로 직전에 보았던 문자나 단어를 머릿속에 떠올릴
수 있는 능력이 좋아야 읽기를 잘할 수 있으므로, 작업기억이
부족한 난독증 아이들은 읽기능력 향상을 위해 작업기억의 용
량을 증가시켜 주는 훈련이 필요하다.

　많은 종류의 훈련이 있지만, 우리 클리닉의 컴퓨터 프로그램
을 이용한 훈련 한 가지를 소개하면, 화면에 문자를 보여 주고
바로 지운 후 지금 화면에 보여 줬던 문자가 무엇이었는지를 묻
는 것이다. 이때 화면에 보여 준 문자를 정확하고 빠르게 보는
것이 중요하다. 또한, 화면에 띄우는 문자의 개수를 하나에서

시작하여 두 개, 세 개 등으로 점차 늘려가고, 화면에서 보여 준 문자들의 나열 순서도 함께 기억하도록 함으로써 난이도를 높여 가며 정답을 맞히도록 훈련을 진행한다.

작업기억 향상을 위한 훈련 한 가지를 더 소개하면, 여러 개의 문자를 천천히 하나씩 순서대로 보여 주고 나서, 10초 정도 머릿속에 기억하고 있다가, 좀 전에 본 문자가 무엇이었는지와 그 순서를 대답하게 하는 것이다. 이 훈련도 문자의 개수를 두 개, 세 개 등으로 늘려감으로써 난이도를 높일 수 있다.

이외에도 작업기억 향상을 위한 훈련들은 다른 훈련들에 비해 종류가 상당히 많은 편이다.

(6) 주의 집중 훈련

두뇌가 책을 읽는 것은 많은 두뇌 자원을 사용하는 복잡한 과정이다. 거의 두뇌 전 영역이 관여하는 읽기의 복잡한 과정에서 주의 집중이 부족하다면 글을 읽고 이해하는 데 치명적인 문제를 일으킬 수 있다. 난독증과 주의집중력장애(ADHD)는 의학적으로 별개의 진단명을 가진 각기 다른 질환이다. 그런데 난독증을 가지고 있는 아이들의 20~25%는 주의집중력장애(ADHD)를 함께 가지고 있으며, 주의집중력장애(ADHD)를 가진 아이들의 40% 정도는 난독증을 함께 가지고 있다. 따라서 난독증과 주의집중력장애를 동시에 가진 아이들에게는 난독증 개선을 위한 여러 훈련과 함께 ADHD 치료제(메틸페니데이트, 아토목세틴 등)들을 투여하거나 뉴로피드백 훈련, 제박기를 이용한 리듬 훈련, 인지행동치료 등의 집중력 향상 훈련을 병행해 주어야 읽기능력을 효과적으로 개선할 수 있다.

그렇지만 주의집중력장애 없이 난독증만 가지고 있는 아이들에게는 ADHD 치료제가 읽기능력 향상에 효과를 낼 수는 없다. 다만 일부 소수의 연구에서는 난독증인에게 ADHD 치료약제들 가운데 하나인 아토목세틴(Atomoxetine)을 투여하였더니 난독증인의 읽기능력이 향상되었다는 연구 결과도 있기는 하다. 그러나 이 약물의 투여가 난독증인의 치료를 위해서 일반적으로 적용할 수 있는 치료는 아니다.

지금까지 세 개로 나눈 큰 틀의 치료 과정 중 첫 번째 단계에 해당하는 읽기에 관여하는 두뇌 기능들의 향상을 통해 읽기능력을 향상하는 것에 대해 알아보았다.

이제부터는 이러한 두뇌 기능들을 사용하여 본격적인 읽기를 훈련하는 난독증 치료의 두 번째 단계에 대해 알아보자.

14) 난독증 치료의 두 번째 단계

두 번째 단계는 글자를 보고 구어단어를 만드는 과정이다. 문자소를 음소로 변환하여 음절을 만들고, 음절들을 모아 단어를 만드는 것이다. 이 과정은 문자를 보면서 문자소의 소릿값에 대응하는 음소를 연결하여 순서에 맞게 조립하여 음절을 만들고, 만들어진 음절을 연결해서 구어단어로 인지하는 것이다. 통상적으로 학동기가 되어 읽기 교육을 시작할 때 실시하는 초기 단계의 읽기 학습법이다.

먼저 글자를 구성하는 문자소를 하나씩 보면서 각 문자소의 소릿값을 정확히 인지하여 암기한다. 암기한 문자소들의 소릿값들을 토대로 문자소들을 보면서 발음하는 연습을 통해 정확한 소리로 만들어서 발성한다. 여기서 문자소들의 소릿값들을 배울 때 소리의 정확한 인지가 이루어지지 않으면 문자소들의 소리를 틀린 소리로 암기하게 될 것이고, 이렇게 되면 글자를 읽을 때 잘못된 발음으로 읽게 될 것이다. 또한, 문자소들의 소릿값을 정확히 인지하여 암기했더라도 발성하는 데 관여하는 약 100개 정도의 근육(얼굴 부위에만 약 30개의 근육)들과 여러 개의 신경이 조화롭게 제 역할을 다하지 못한다면 정확한 발음으로 발성할 수 없을 수도 있다.

문자소들을 보고 소리로 변환해서 발음할 수 있게 되었다면, 그다음은 문자소들이 모여서 만들어지는 글자 한 개의 소릿값인 음절을 만드는 훈련이다. 정확한 소리로 음절별 읽기를 훈련하는 것이다. 이때 발음이 부정확하다면 소리의 인지가 부정확하거나 발성에 관여하는 근육과 신경들의 원활한 움직임이 이루어지지 않기 때문일 수 있으므로 문제점을 찾아 부족한 부분을 집중적으로 훈련한다. 이때는 능숙한 치료사가 난독증인의 발음을 들으면서 정확히 문제점들을 찾아 확실하게 발음 교정을 해 주어야 한다. 훈련을 받는 사람의 발성은 문제점이 여러 가지(부정확하면서 너무 빠르게 읽거나, 'ㄹ' 발음이 안 되거나, 강약이 없거나, 높낮이가 부적절한 경우 등)인 경우가 많다. 그럴 때는 일단 하나의 문제점만을 선택해서 교정하고, 선택해서 훈련한 문제점이 해결되면 다음 한 가지를 선택해서 교정하는 방식으로 한 가지씩 교정하도록 한다. 왜냐하면, 여러 가지 발성 문제를 가진 훈련생에게 현재 보이는 모든 문제점을 한꺼번에 교정하도록 주문하면 전혀 감을 잡지 못해서 훈련 효과가 없기 때문이다.

정확한 발음으로 읽는 게 되면 다음은 점점 빠르게 음절별 읽기를 할 수 있도록 훈련하고, 그다음에는 단어별 읽기 훈련을 이어간다.

단어별 읽기 단계에서는 연음에 대한 것과 구개음화 등과 같이 문자소 원래의 소릿값과 다르게 변화되어 발음되는 단어들에 대한 것도 알도록 한다. 예를 들어, '밥이'라는 단어를 읽을 때는 연음되어 '바비'로 읽어야 하고, '같이'라는 단어를 읽을 때

는 'ㅌ'이 모음 'ㅣ'를 만나면서 'ㅊ'으로 바뀐 상태로 읽는다는 것
같은 규칙을 익힌다. 단어별 읽기가 어느 정도 능숙해지면 다음
단계 훈련으로 넘어간다.

〈그림 10. 글자를 보고 구어단어로 만드는 과정〉

15) 난독증 치료의 세 번째 단계

세 번째 단계는 책을 읽으면서 읽은 내용을 전체적으로 이해하는 것이다.

이 단계에서는 조사를 빼 먹거나 틀리게 읽지 않도록 주의하면서 먼저 어구 단위로 의미를 이해하는 읽기를 훈련한다. 또한, 소리 내어 읽을 때 리듬을 고려하고 음절의 길이와 단어 사이의 띄어 읽는 시간의 길이를 일정하게 맞추도록 훈련한다.

그다음에는 자연스럽게 읽는다. 우리가 말할 때의 느낌이 살아나도록 읽어야 하는데, 그러려면 음절별 강약 조절을 잘하고 띄어 읽는 시간을 내용에 맞추어 자유롭게 조절할 수 있어야 한다.

이렇게 구절이나 문장 단위의 내용을 정확하게 있는 그대로 이해하는 과정을 훈련하고, 그다음은 더욱 고차원적인 읽기로 비유나 은유, 추론 등을 통해 글 전체를 분석하고, 깊이 사고하고 느끼면서 책에 담긴 의도나 주제까지 이해한다.

즉, 사실적 독해를 훈련한 다음에는 은유적, 추론적, 분석적, 비판적 독해를 훈련하는 것이다. 사실상 이 단계는 기본적인 난독증 치료의 과정이라기보다는 어느 정도 국어 수업의 읽기 학습 과정이라 할 수도 있다.

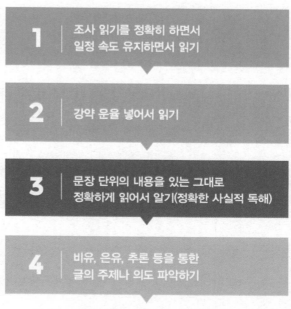

1	조사 읽기를 정확히 하면서 일정 속도 유지하면서 읽기
2	강약 운율 넣어서 읽기
3	문장 단위의 내용을 있는 그대로 정확하게 읽어서 알기(정확한 사실적 독해)
4	비유, 은유, 추론 등을 통한 글의 주제나 의도 파악하기

〈그림 11. 읽은 내용을 전체적으로 이해하는 과정〉

나는 여기에서 난독증의 치료를 크게 세 개의 단계로 나누어 설명하였다. 이 큰 틀의 세 단계 치료는 반드시 첫 번째 단계부터 순서대로 이루어져야 한다. 왜냐하면, 첫 번째 단계의 치료가 완성되지 않으면 두 번째 단계의 치료가 제대로 이루어질 수 없고, 두 번째 단계의 치료가 제대로 안 된 상태에서는 세 번째 단계의 읽기능력을 갖추기 어렵기 때문이다.

과거에는 읽기능력이 부족한 난독증인들을 치료할 때 여기서 언급된 치료의 첫 번째 단계에 해당하는 읽기에 관여하는 두뇌 기능 향상 훈련을 하지 않았다. 왜냐하면 읽기에 관여하는 두뇌 영역이 어디인지도 몰랐고, 읽기를 잘하기 위한 두뇌의 기능들에는 어떤 기능들이 있는지도 몰랐기 때문이다. 하지만 최근에는 신경과학의 발달로 읽기에 관여하는 두뇌 기능들에 대해서도 많이 알려졌고, 이런 두뇌 기능들을 향상하는 훈련을 통해 두뇌 기능을 높이면 실제 책을 가지고 읽기 훈련을 하지 않더라도 읽기능력이 향상된다는 연구 결과들이 많이 보고되어 있다. 그뿐만 아니라 읽기에 관여하는 두뇌 기능이 부족한 상태에서는 읽기 훈련을 열심히 해도 노력한 만큼 읽기능력 향상에 효과가 충분히 나타나지 않기 때문에 읽기에 관여하는 두뇌 기능 향상 훈련을 난독증 치료에 적용하고 있다.

또한, 두뇌 기능들의 향상은 읽기뿐만 아니라 무엇을 배우든지 간에 배우는 것 자체를 쉽게 해 주기 때문에 학습 능률을 올리는 데도 크게 기여한다.

이제까지 난독증인들의 읽기능력을 향상하는 훈련에 대해 알아보았다. 다음은 난독증인들이 흔하게 가지고 있는 동반 질환과 동반 증상들에 대한 치료에 대해 생각해 보자.

난독증이 있는 사람들 가운데 많게는 80%까지의 사람들이 동반 질환이나 동반 증상으로 인해 읽기 어려움 못지않은 고통을 당하면서 살고 있다. 당연히 난독증만 가진 사람들에 비해 난독증에 동반 질환을 같이 가지고 있는 사람들의 치료가 더 어렵고, 가지고 있는 동반 질환들이 다양하고 심할수록 치료는 더욱더 어렵다. 이제 흔한 동반 질환이나 증상들과 그 치료에 대해 알아보자.

① **주의집중력장애(Attention Deficient Hyperactivity Disorder, ADHD)**

: 주의집중력장애를 가지고 있으면 수행해야 할 일에 주의를 집중하지 못하고 충동 조절에 어려움이 있어, 학업에서 좋은 성적을 거두기 어렵고 교우 관계에서도 문제를 일으키기 쉽다. 난독증으로 고통받는 학생이 주의집중력장애를 함께 가지고 있으면 학습에서의 어려움뿐만 아니라 학교생활 전반에 걸친 여러 가지 어려움을 겪게 된다. 또한, 난독증 개선을 위한 훈련의 진행도 ADHD가 없는 아이들에 비해 훨씬 어렵다. 이런 경우에는 난독증에 대한 훈련을 진행하면서 주의집중력장애에 대한 치료를 병행해 주어야 난독증 치료에 대한 효과도 좋고, 그 학생의 학업과 일상의 다른 생활들이 좋아질 수 있다. 난독증인들이 가지고 있는 주의집중력장애에 대한 치료는 약물치료(메틸페니데이트, 아토목세틴)와 뉴로피드백

훈련, 인지행동치료 등을 개인의 상황에 맞추어서 하
게 된다.

② **발달성협응장애**(Developmental Coordination Dis-
　order, DCD)
: 발달성협응장애는 발달성운동조정장애라고도 하며
어린 시절부터 시작되는 만성 신경 질환이다. 이는 두
뇌에서 보낸 명령을 신체에 정확하게 전달하지 못해
서 초래되는 결과로써 운동과 조정에 대한 계획에 영
향을 미쳐 일어난다. 결국, 발달성협응장애는 아이들
의 숙련된 운동에 장애를 일으켜 일상생활의 활동을
방해한다. 또한, 발달성협응장애는 여러 가지 신경학
적 질환들의 증상들 가운데 한 가지 증상으로 나타
나는 경우가 많아서 과거에는 독립된 질환으로 분류
되지 못하고 하나의 증상으로 취급되었으나 2013년
에 발간된 『DSM-5』에 진단 기준이 제시되면서 독
립된 질환으로 분류되었다.

　발달성협응장애의 유병률은 5~11세 아동에서
5~6%이고, 여성에 비해 남성에게 더 흔해서 남녀 성
비는 2~7 :1 정도이다. 장기적으로는 호전을 보일 수
있다 하더라도, 아동의 50~70%에서는 운동협응의

문제가 청소년기 이후까지 지속된다.

태아기 알코올 노출, 조산, 저체중 출생아인 경우에서 더 흔하며, ADHD가 있는 발달성협응장애 환자는 ADHD가 없는 발달성협응장애 환자보다 더 많은 손상을 보인다. 발달성협응장애와 높은 빈도로 동반되는 다른 장애들에는 언어발달장애, 학습장애, 주의집중력장애, 자폐스펙트럼장애 등이 있다.

발달성협응장애가 있으면 대근육운동, 소근육운동 모두에서 어려움이 있고, 특히 균형감각을 필요로 하는 운동이나 보다 더 많은 고유수용성감각을 필요로 하는 몸의 동작에서 심각한 어려움을 호소하기도 한다. 초등학교 2학년인데 줄넘기 한 번을 넘지 못하고, 4학년 때 학교에서 음악 수업 시간에 리코더를 배울 때 리코더 구멍에 맞추어 손가락을 올리는 데 심각한 어려움을 겪기도 한다. 남들은 다 하는 농구화 끈 묶기도 못 하고, 한 발로 서기가 안 돼서 닭싸움 놀이를 시작도 해 보지 못할 뿐만 아니라 두발자전거 타기를 아무리 연습해도 타는 법을 터득하지 못한다.

이런 발달성협응장애를 치료하기 위해서는 한쪽 발로 오랫동안 서 있기, 짐볼에 앉아서 몸의 균형 잡기,

바닥에 직선을 그려 놓고 그 선에 양발을 앞뒤로 올려놓고 오래 서 있거나 선을 따라 걷기 등의 방법으로 훈련한다.

『DSM-5』에 기술된 발달성협응장애의 진단 기준

A. 협응된 운동의 습득과 수행이 개인의 생활연령과 기술 습득 및 사용의 기회에 기대되는 수준보다 현저하게 낮다. 장애는 운동 기술 수행(예: 물건 잡기, 가위나 식기 사용, 글씨쓰기, 자전거 타기 또는 스포츠 참여)의 지연과 부정확성뿐만 아니라 서투른 동작(예: 물건 떨어뜨리기 또는 물건에 부딪히기)으로도 나타난다.

B. 진단 기준 A의 운동 기술 결함이 생활연령에 걸맞은 일상생활의 활동(예: 자기 관리 및 유지)에 현저하고 지속적인 방해가 되며, 학업/학교생활의 생산성, 직업 활동, 여가, 놀이에 영향을 미친다.

C. 증상은 초기 발달 시기에 시작된다.

D. 운동 기술의 결함이 지적장애(지적발달장애)나 시각 손상으

로 더 잘 설명되지 않으며, 운동에 영향을 미치는 신경학적 상
태(예: 뇌성마비, 근육퇴행위축, 퇴행성질환)에 기인한 것이 아
니어야 한다.

③ 불안장애와 우울증[14)]

: 불안장애나 우울증은 많은 난독증인이 가지고 있는
흔한 정신 건강 문제이다. 유치원 시절에는 항상 즐겁
고 행복한 모습의 아이였는데 학교에 들어가 글을 배
우기 시작하면서 난독증이라는 빠져나올 수 없는 늪
에 빠져, 갑자기 귀머거리가 되고 벙어리가 된 느낌
속에서 바보 취급을 받는 상황이 계속된다. 이런 상
황에서 난독증인들은 불안장애나 우울증에 빠지기가
너무 쉽다. 난독증으로 인해 초래된 우울증은 대개
난독증이 치료되고 읽기 불편이 사라지면 호전되는
경우가 많다. 우울증으로 인해 아무것도 할 수 없는
무기력으로 난독증에 대한 치료를 시작할 수 없다면
항우울제로 약물치료를 하면서 난독증 훈련을 하기
도 한다. 그러나 훈련을 진행할 수 있는 상태라면 난
독증 때문에 초래된 우울증은 약물치료 없이 난독증
치료에만 집중한다. 이런 경우 대개는 난독증이 호전

---

14)   『DSM-5』, 2015, 학지사.

7. 난독증

되면서 우울증도 호전된다.

④ 쓰기 장애

: 난독증인들은 정상인들에 비해 글을 쓰는 데 어려움
이 있는 경우가 많다. 독서를 통해 깊이 생각하는 능
력을 키워야 하는데 난독증으로 읽기가 어려워 깊게
생각하는 능력이 잘 만들어지지 못한 경우가 흔히 있
다. 훌륭한 글을 쓰기 위해서는 자기 생각을 필연적
으로 깊이 탐구해야 하는데 평소 독서를 통해 깊이
사고하는 능력을 기르지 못한 난독증 학생들은 자기
생각을 탐구하기 어려워하기 때문이다. 또한, 하나의
음절값을 가진 글자 하나를 구성하는 음소들의 순서
를 인지하지 못해서 글자를 쓸 때 초성, 중성, 종성
의 순서로 쓰지 않고 초성과 종성을 먼저 쓴 후 중성
을 쓰는 문제가 있기도 하고, 운동협응의 문제 때문
에 연필을 잡고 정교하게 글자를 쓰기 어려워하는 문
제도 있을 수 있다.

또한, 작문할 때는 적절한 어휘가 잘 떠오르지 않는
언어적 문제를 가지고 있는 경우가 많으므로 글을 쓰
는 데 어려움을 보이는 경우도 많다. 게다가 작문에
필요한 적절한 어휘가 떠올랐어도 그 단어의 스펠링

을 생각해내느라 애를 써야 하므로 자기 생각과 감정을 제대로 표현하기가 어려운 문제도 있다. 그렇지만 난독증이 있으면서도 베스트셀러 작가가 된 사람도 있다. 그 베스트셀러 작가가 자신이 글을 쓰는 요령에 대해 이야기한 적이 있다. 자신은 글을 쓸 때 깊게 생각하면서 천천히 쓰지만, 한 번 쓴 것을 다시 새롭게 고쳐서 쓰는 일이 없다고 했다. 이 작가는 깊이 자기 생각을 탐구하는 사고력을 길러, 그 능력을 이용하여 많은 사람이 공감할 수 있는 글을 한 번에 쓸 수 있었던 것이다. 이처럼 난독증인들도 글을 쓸 때 자기 나름대로 자신만의 쓰기 요령을 만들어서 열심히 작문을 연습하면 쓰기의 어려움을 극복할 수 있다.

⑤ **계산 장애**

: 읽기와 계산은 별개의 문제이지만, 실제로 난독증 아이들을 치료하다 보면 계산에 어려움이 있는 아이들이 정상 아이들에 비해 많다. 아마도 난독증 아이들이 가지고 있는 순서대로 기억하는 것의 어려움이 구구단을 외워서 사용하는 데 어려움을 초래하기가 쉽기 때문이다. 구구단을 이용한 연산인 곱셈과 나눗셈을 하기 어려워하고, 숫자를 자릿수(일의 자리, 십의 자리, 백의 자리 등)

7. 난독증

에 맞춰 순서대로 더하고 빼는 데도 어려움을 초래하여 연산에 문제를 일으키지 않나 생각한다. 이를 극복하기 위해서는 저학년 때 초기 수학 교육 과정에서 눈에 보이는 사물들을 이용해 연산을 가르치고 이해시키고 나서는 간단한 계산을 기계적으로 할 수 있을 만큼 반복해서 연산을 연습시켜야 한다. 이렇게 저학년 때 강한 계산 훈련으로 만들어진 능숙한 계산 능력은 향후 학년이 올라가서 수학 공부를 할 때도 난독증으로 인해 문제해석이 느린 것을 빠른 계산 능력으로 어느 정도 보완할 수 있게 해 준다.

⑥ 시계 보기의 어려움

: 난독증 아이들은 시침, 분침, 초침으로 시간을 표시해 주는 아날로그 시계 보는 법을 배우기가 무척 어렵다. 난독증 아이들은 분침이 한 바퀴를 돌면 60분이고, 시침이 한 바퀴를 돌면 12시간이며, 분침이 한 바퀴를 돌면 시침은 12분의 1바퀴만큼 움직이면서 이는 한 시간을 의미한다는 시침과 분침의 관계를 이해하기 어려워한다. 이 아이들의 시계 보기 학습은 시계 유리가 없고 바늘이 노출된 학습용 시계를 가지고 아이가 바늘을 손으로 만지면서 분침이 얼마만큼 돌아갈 때 시침이 얼마

만큼 움직이는지를 시각과 촉각을 통해 인지하도록 가르치는 것으로 이루어져야 한다. 아이가 시계를 볼 줄 알게 되면 그다음은 시계 보기가 자동으로 아주 빠르고 정확하게 될 수 있을 때까지 반복해서 연습시킨다. 이런 능숙한 시계 보기 능력이 사물들이나 현상들 사이의 관계뿐만 아니라 가족 관계 같은 인간 사이의 관계를 이해하는 데(예 : 엄마의 언니는 나의 이모라는 것을 아는 것) 영향을 주기도 한다.

⑦ 의사소통의 어려움

: 난독증인들은 문자를 통한 의사소통의 어려움뿐만 아니라 듣고 말하기를 통한 의사소통 과정에서 상대방의 말을 정확하게 알아듣는 데 어려움을 겪기도 하고, 자신이 말하는 과정에서 적절한 어휘를 선택하는 데 어려움을 겪는 경우도 많다. 이는 난독증을 치료하는 것으로 해결할 수 있다. 난독증이 호전되면, 읽기능력의 발달과 함께 듣고 말하기 능력도 향상되어 의사소통의 어려움이 줄어들게 된다.

⑧ 촉각방어

: 촉각방어(Tactile Defensiveness)는 하나의 독립

된 질병으로 분류되어 있지는 않지만, 여러 질병에서
보이는 증상 가운데 하나다. 여러 감각 정보를 처리
하는 것이 부적절한, 감각 정보처리민감성(Sensory
Processing Sensitivity)의 문제이다. 몸에 접촉하
는 자극에 대해 강한 거부감을 보이는 것으로써 대
부분의 자폐스펙트럼장애 환자에게서 보인다. 그런데
이러한 촉각방어를 난독증인들 가운데 일부가 가지
고 있어서 일상생활에 어려움을 초래하기도 한다. 난
독증 치료를 하는 중에 촉각방어의 모습을 보이는 난
독증인을 훈련할 때는 신체 접촉을 최대한 줄이도록
노력하면서 훈련을 진행해야 한다.

16) 조기 치료의 의미

난독증의 치료는 가능한 한 어린 나이에 시작하는 것이 좋
다. 얼마나 빨리 치료를 시작하느냐에 따라 난독증에서 완전히
벗어나 평생 동안 읽기 어려움으로 인한 문제가 없이 사느냐,
아니면 불완전한 읽기능력을 가지고 불편한 채로 평생을 사느
냐가 결정된다고 해도 과언이 아니다. 미국에서는 1990년대 중
반부터 난독증에 대한 치료를 시작하게 되면서 초등학교 3학년
이전에 치료를 시작해야 한다고 주장하다가, 그 후 조기 진단,

조기 치료가 강조되면서 2000년대에 들어서는 초등학교 1학년 때부터 일찍 진단하여 치료를 시작하는 것이 좋다고 권고하였다. 그리고 2016년부터는 미국의 예일 대학교 난독증 센터에서 유치원 아이들의 학동기 이후 난독증을 예견할 수 있는 진단 도구를 만들어 보급하게 되면서, 유치원 아이들을 대상으로 난독증 조기 진단을 통한 조기 치료를 권고하고 있다.

정상인이든, 난독증인이든 나이가 들고 학년이 올라갈수록 읽기능력은 발달한다. 그러다 보니 난독증 아이들의 부모님들은 분명 자신의 아이가 동년배 또래 아이들에 비해 읽기능력이 부족하다는 것을 알면서도 '크면 나아지겠지, 학년이 올라가면 또래 아이들처럼 잘 읽게 될 거야.'라고 생각한다. 그래야 부모님들 자신에게 위로도 되고 희망이 생기기 때문이다. 그리고 자기 자식의 문제이기 때문이기도 하다. 그러다 보니 사실상 조기 진단이 어려워지게 되고, 조기 진단이 이루어지지 못하면 당연히 조기 치료도 이루어질 수 없게 된다.

난독증 아이들의 읽기능력도 나이가 들고 학년이 올라가면서 향상되기는 하지만, 그 정도가 정상아들에 비해 상당히 느리기 때문에 학년이 올라갈수록 읽기능력의 격차는 점점 더 커진다.

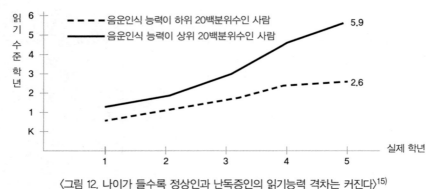

〈그림 12. 나이가 들수록 정상인과 난독증인의 읽기능력 격차는 커진다〉[15]

또한, 읽기능력에서 차이가 크면 읽기능력이 부족한 사람들은 공부할 때 지식을 두뇌로 입력하는 정보의 양이 부족할 수밖에 없다. 그것은 곧 난독증인들은 정상인들에 비해 습득하는 지식의 양이 적다는 것을 의미하고, 세월이 흘러 학년이 올라갈수록 습득하는 지식의 양이 부족해서 지식의 손실이 쌓이게 된다. 치료가 늦어지면 누적된 지식의 손실이 따라잡을 수 없을 만큼 커질 수도 있는 것이다.

---

15)   출처 : 예일 대학교.

예일 대학교 난독증 센터에서 만든
유치원생 대상 난독증 진단 도구

수년에 걸쳐 시행한 종단 연구(Longitudinal study)를 통해 만들어진 난독증 조기 진단을 위한 설문형 도구이다.

학동기 이후 난독증으로 진단된 학생들을 대상으로 그들이 유치원 시절에 보였던 여러 증상과 행동 특성들에 대한 유치원 선생님들의 관찰 소견들을 토대로 1차 설문들을 만든 다음, 그 설문들의 문항들에 대하여 현재 유치원 선생님들 자신이 6개월 이상 가르치고 있는 아이들 개개인에 관해 대답하도록 하였다. 그 1차 설문지를 가지고 유치원 선생님들에게서 대답을 받아두었던 유치원생들 가운데는 학교에 들어가서 난독증으로 진단받는 아이들이 있었고, 난독증으로 확진된 아이들이 과거 유치원 시절에 작성된 설문에서 보였던 공통적인 문항들을 다시 추려서 최종적으로 선별된 2차 설문지가 만들어졌다.

이 최종 설문지를 가지고 유치원 선생님들에게 6개월 이상 자신이 지도한 아이들에 대해서 설문에 답하도록 했을 때, 설문 점수를 토대로 향후 학교에 들어가서 난독증으로 진단될 아이들을 예견할 수 있게 되었고, 이 최종 설문들이 유치원생들의 난독증 진단 도구가 되었다. 이 예일 대학교 난독증 센터의 설문형 난독증 조기 진단 도구의 정확도는 80% 이상으로 보고되고 있다.

아이들이 학교에 들어가서 문자를 배우기 이전 시기에는 실제 읽기능력을 측정하는 방법을 가지고서는 난독증 진단을 할 수 없으므로, 유아를 6개월 이상 가까이에서 지도한 유아 교육 선생님들의 관찰 소견을 이용하는 것이다.

입학 유예(유급)와 조기 치료

아이가 학교에 입학할 나이가 되어 읽기를 가르쳤는데 한 글자도 읽을 수 없거나 학교에 입학했는데도 학년 수준만큼의 읽기가 안 될 때 입학을 미루거나 유급을 고려하는 경우가 종종 있다. 그런데 여러 직역의 난독증 전문가들은 공통으로 난독증 아이들의 입학 유예나 유급을 하지 말도록 권고한다.

전문가들이 난독증 아이들의 입학 유예나 유급을 시키지 말라는 이유는 난독증 아이의 입학을 1년간 유예한다고 해도 난독증에 대한 적절한 훈련이나 치료 없이는 난독증이 개선되지 않을 뿐만 아니라 오히려 조기 치료의 기회를 놓치기 때문이다.

난독증 아이들의 입학 유예나 유급은 사실 그들의 부모들이 치료 대책 없이 막연하게 아이가 커지면 난독증이 좋아질 것이라는 잘못된 기대에서 비롯되는 경우가 대부분이다. 다시 한번 말하지만, 난독증은 결코 적절한 치료 없이 저절로 없어지지 않는다. 따라서 입학 유예나 유급 없이 나이에 맞춰 학교에 다니면서 최대한 이른 나이에 적극적으로 난독증 치료를 받도록 해야 한다.

17) 예방

난독증을 예방할 수 있을까?

유아기의 아이들한테 무언가를 해 줌으로써 그 아이들이 학교에 들어간 후 난독증으로 고생하는 일이 없도록 만들 확실한 방법은 아직 없지만, 어떤 인구 집단에서 난독증 발생을 줄일 방법은 있다.

피아제의 인지발달단계에서 감각운동기에 해당하는 0세에서 2세 사이의 아이는 눈에 보인다고 해서 반드시 실제로도 존재한다고 생각하지 않는다. 그래서 눈에 보이는 것을 만지고 맛본다. 또한, 이 시기에는 눈에서 사라졌다고 해서 없어진 것이 아니라는 것을 배우기도 하는 시기이다. 즉, 대상의 존재를 깨닫고 영속성을 습득하는 시기이다. 따라서 이때는 이야기책을 읽어주면서 언어를 익히는 것도 필요하지만, 유아용 책을 눈으로 보고, 딱딱한지, 물렁물렁한지 만져 보기도 하면서 입에 대고 물고 빨고 하는 과정이 필요하다. 인지적, 언어적 반복과 재인(과거에 경험한 것을 기억해내는 인지 활동)을 통해 물리적 실체를 배우게 하고 세상을 조직화하고 감각적으로 느끼도록 도와주어야 한다.

두 번째 인지발달단계인 전조작기에 해당하는 2세 이상에서 6세 사이는 탐험을 통해 배경지식을 쌓고 언어로 사고하는 능력을 늘리는 시기이다. 이 시기에는 아이에게 책을 읽어 주고 이야기를 들려주는 것을 통해 아이가 지리적으로 떨어져 사는 다른 사람들의 관점을 이해하고 공감하는 것을 가르쳐 주고, 동화 속의 등장인물들을 보면서 나도 타인과 같은 종류의 사람이라는 것을 인식하고 타인에 대한 연민을 느끼게 도와준다. 이 시기의 아이들에게 책을 읽어줄 때는 '엄마나라 말(엄마가 어린아이에게 말할 때 천천히 말하면서 발음을 과장하고, 단어를 길게 늘이며, 평상시 말할 때보다 음조를 높여 음소를 또렷하게 발음하는 것)'로 평소 아이가 내용을 이해할 수 있는 속도로 그리고 소화할 수 있는 분량만큼 읽어 주어야 한다. 어른의 욕심으로 너무 빨리, 너무 많은 분량을 아이에게 읽어 주면, 아이는 내용 이해를 하지 못하면서 책에 완전히 흥미를 잃을 수 있다.

미국의 한 연구는 유치원 교육과정에서 특별히 동요를 많이 부르고 동요에 맞춰 열심히 춤을 춘 아이들의 집단과 보통의 유치원 교육을 받은 아이들의 집단으로 두 집단을 나눈 뒤 학교에 들어간 후 난독증으로 진단된 아이들의 비율을 비교했다. 그랬더니 노래와 율동을 많이 한 아이들 집단의 난독증 유병률이 일반 유치원 교육을 받은 아이들 집단의 난독증 유병률의 절반밖에 되지 않았다는 연구 결과가 있다. 동요를 따라 부르는 것이 음소 인식에 도움이 되는 것이다. 또한, 음악 속의 리듬이 성장 후 언어발달과 읽기발달에 아주 중요하다는 연구 결과들도 많이 있다. 음악의 리듬과 언어의 음운(두운, 요운, 각운)

은 깊은 상관관계가 있고 리듬은 언어에서 음소만큼 중요하다. 이 연구 결과를 보면, 난독증 예방을 위해서는 즐겁게 노래 부르고 춤추는, 동요와 춤을 많이 가르치는 유치원이 훨씬 더 좋다고 할 수 있겠다. 이는 난독증의 치료 부분에서 언급했던 것처럼 리듬감을 높이는 훈련으로 읽기능력을 향상할 수 있다는 것에서도 그 이유를 찾을 수 있을 것이다.

또 유아기에 양육자가 책을 많이 읽어준 경우에도 난독증의 발생 확률이 낮았다는 연구 결과도 있다. 글을 전혀 모르는 아이에게 책을 읽어 주는 것이 아이로 하여금 문자에 대한 관심을 불러일으키고, 아이의 언어회로 속에 어휘의 저장을 풍부하게 만들어 준다. 이는 아이가 향후 읽기를 배우는 과정에서 문자 해독 과정을 익히고 난 후에, 글의 내용을 쉽게 이해하는 데 크게 도움이 된다. 즉, 읽기능력의 수준을 높이는 데 도움이 되는 토양을 비옥하게 만드는 효과가 있어 난독증 발생을 줄일 수 있는 것이다.

전 세계 대부분의 나라에서는 초등학교 1학년 때부터 문자 교육을 시작한다. 그런데 문자 교육을 학동기 이전부터 일찍 가르치면 난독증 발생도 줄이고, 읽기를 더 잘할 수 있지 않을까 하는 생각으로 문자를 배우기에는 너무 어린 나이에 문자 학습을 시키는 경우도 있다. 우리 주위에서 흔히 볼 수 있는 세 돌짜리 문자 학습법은 파닉스에 맞춰 읽기를 배우는 것이 아니라 하나의 글자를 통째로 외워서 읽는 표상 읽기(Logographic Reading)이다. 그렇지만 이런 형태의 읽기 조기 교육은 난독증의 발생을 줄이는 데 전혀 도움이 되지 않는다. 오히려 핀란드에서는 초등학교 1학년 때 문자를 가르치지 않고 1학년 과정의 수업을 말로 진행한다고 한다. 그리고 나서 2학년 때부터 문자를 가르치는데, 학년이 올라가서 4학년이 되었을 때는 이 아이들의 읽기능력이 1학년 때부터 문자를 배운 미국 아이들의 읽기능력보다 좋았다는 연구 결과도 있다.

읽기를 가르치는 방법이 난독증 발생과 관계가 있는지에 대해서는 별로 연구된 바가 많지 않다. 한동안 교육계에서는 '발음 중심 접근법'과 '전체적 언어 접근법'이라는 읽기 교수법에 따라 난독증 발생에 차이가 있는지에 대한 연구와 논란이 있었다. 그렇지만 결론은 읽기를 가르칠 때 두 가지 교수법을 혼합한 균형 잡힌 교수법이 필요하다는 것이다.

읽기 교수법

① 발음 중심 접근법

: 문자를 해독하는 규칙을 가르쳐서 읽기를 가르치는 것이다. 문자소를 음소로 바꾸어 음절을 만들어 읽기를 할 수 있도록 한다.

② 전체적 언어 접근법

: 발음 규칙은 배제하고 이야기에 대한 몰입, 단어의 의미, 아이의 상상 등에 주안점을 두고 읽기를 가르친다. 스스로 문자 해독의 규칙을 추론해서 파악하게 만든다.

독서를 통한 두뇌 여러 영역의 연결

두뇌에는 감각을 담당하는 영역, 인지를 담당하는 영역, 느낌과 정서를 담당하는 영역, 말하고 행동하는 영역 등이 있다. 글을 읽는다는 것은 먼저 지금 읽고 있는 글의 내용을 그대로 아는 것이고, 다음은 읽으면서 알게 된 내용을 느끼는 것이며, 그다음은 느낀 것들을 자기 생각과 연결하여 그 생각을 자신이 살아가는 방식에 연결하는 것이다.

따라서 독서를 통해 살아가는 방식을 결정할 수 있는 사람의
두뇌는 거의 모든 두뇌 영역이 서로 밀접하고 효율적인 연결
을 갖추게 되는 것이다.

18) 사례

나는 10년이 넘는 기간 동안 난독증 클리닉을 운영하면서 유
치원생부터 40대 성인까지 다양한 연령과 다양한 직군에 속하
는 많은 사람을 진단하고 치료해 왔다. 이제까지 우리 클리닉에
서 내가 진단과 치료를 했던 난독증인들의 몇몇 사례를 소개해
보겠다. 여기 소개된 사례의 정리는 나와 함께 10년 가까이 우
리 클리닉에서 난독증 전문치료사로 일해 온 이선주 실장이 하
였다.

사례 ❶ | 아이비리그 대학생의 남모를 고민

미국 명문대학교에 재학 중인 A씨. 세계 최고의 수재들이 다
니는 학교에 들어갔다는 것만으로도 남다른 능력을 입증한 셈
인데, 그런 그가 무엇 때문에 난독증 클리닉에 찾아왔을까?

A씨는 대학에 입학한 후부터 학업에 어려움을 겪기 시작했
다. 아무리 밤을 새워 공부해도 요구되는 학습량을 도저히 따
라갈 수가 없었던 것이다. 고등학교 때까지 늘 우수한 성적을

유지해 왔던 터라 처음엔 그 사실을 쉽게 인정하기 어려웠다고 했다. 하지만 한 학년을 마치고 낙제 수준의 성적표를 받아 본 후 결국 학교의 상담 센터를 찾게 되었고, 그곳에서 난독증이 의심되니 검사를 받아 보라는 말을 들었다고 했다.

방학을 맞아 일시 귀국한 A씨는 국내에서 난독증 검사를 받을 수 있는 곳을 찾기 위해 많은 자료를 검색하고 비교한 끝에 본원을 찾아왔다.

검사 결과, 그는 초등학교 5학년 정도의 읽기능력을 가진 것으로 나타났다. 소리 내어 읽을 때 뭉개지고 불분명한 발음을 보였고, 읽기 속도도 느렸으며, 사실적 독해 능력도 부족해서 읽기 이해에서도 어려움이 있었다. 이는 그 학생이 현재까지 이룬 성취 정도와 비교해 볼 때, 즉, 명문대에 재학 중인 학생으로서는 흔치 않은 결과였다. 본인도 적잖이 충격을 받은 듯했지만 이내 치료에 강한 의지를 보였다.

여름방학 3개월간 매일 3시간씩, 일주일에 6일간 훈련을 하게 되었다. 훈련 초기에는 1,000분의 1초 단위의 시간 정보처리 훈련과 시각 인지 훈련, 미세한 소리의 차이를 정확하고 빠르게 인지하는 훈련을 하였고 어느 정도 읽기에 필요한 두뇌 기능이 갖추어진 다음에는 두뇌 기능 향상 훈련과 함께 읽기 발성 훈련을 시작했다.

본원에서는 읽기 발성 훈련을 할 때 처음에는 음절별로 읽는 연습을 시키다가 점차 단어별 띄어 읽기 단계를 거쳐 최종적으로는 의미단위로 읽는 단계까지 발전시킨다. A씨는 의미단위로 읽기를 어려워해서 초반에는 엉뚱한 곳에서 끊어 읽기 일쑤였다. 하지만 본원에서 시행하는 여러 가지 두뇌 기능 향상 훈련을 통해 시폭이 확장되고 이해력이 향상되면서 의미단위를 파악하는 능력도 좋아지게 되었다.

3개월 후 A씨는 성인 중에서도 읽기를 아주 잘하는 수준의 정도까지 읽기능력을 갖추게 되었고, 훈련을 마치고 미국으로 돌아간 이후에는 학업에서 최상위 성적을 올리면서 현재까지 학업을 잘 이어가고 있다.

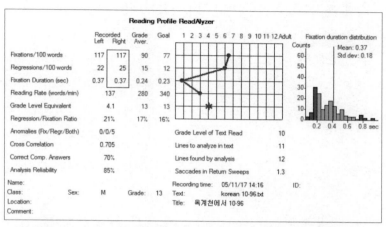

〈그림 13-1. 훈련 전 읽기분석기 결과-훈련 전 읽기 속도는 분당 137단어였다〉

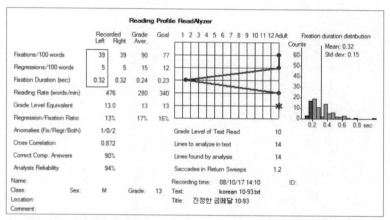

〈그림 13-2. 3개월간 훈련한 후 읽기분석기 결과-3개월간 훈련한 후에는 읽기 속도가 분당 476단어로 향상되었다〉

7. 난독증

사례 ❷ | 수학은 잘하는데 국어 성적이 너무 나쁜 중학생

　중학교 3학년인 B군은 이공계 출신인 아버지를 닮아서 어려서부터 수학을 잘하고 좋아했다. 반면에 국어를 가장 어려워했는데 수학과 국어의 점수 차이가 크게 나는 것이 늘 고민이었다. 수학을 잘하는 만큼 국어도 잘할 수 있다면 성적을 훨씬 더 올릴 수 있는데 국어 점수를 올리는 것은 마음대로 되지 않았다. 흔히들 국어 점수를 올리기 위해서는 평소에 책을 많이 읽어두어야 한다는데 중학생이 교과 공부 이외에 독서를 많이 한다는 것은 현실적으로 어려운 일이었다.

　또한, B군은 수면시간이 늘 부족해서 힘들었다. 학교 숙제에 학원 숙제까지 마치고 나면 12시가 넘었다. B군의 어머니는 아이가 어려서부터 책을 잘 안 읽으려고 하고 중학생이 된 후로 국어 점수가 항상 하위권이었지만, 수학과 과학을 잘했기 때문에 학습장애를 의심해 본 적은 없었다. 그런데 학년이 올라갈수록 떨어지는 아이의 국어 점수와 밤늦게까지 숙제를 하고 아침에 일어나기 힘들어하는 아이의 모습을 보며 언젠가부터 답답한 마음이 들기 시작했다. 그렇게 시간이 흘러 중3 졸업 고사를 마친 어느 날, 어머니는 새로운 국어 학원 정보를 찾아 인터넷을 검색하던 중 난독증에 관한 정보를 접하게 됐고 혹시나 싶은 마음에 아이에게 검사를 받게 하였다.

　검사 결과 B군의 읽기능력은 초등학교 1학년 정도 수준인 것으로 나타났다. 타고난 꾸준함과 성실함으로 읽기회로가 원활하지 않은 것을 만회하며 버티고 있었지만, 이 상태로 고등학생이 되면 성적이 더욱 하락할 것이 뻔했다.

B군은 그날부터 훈련을 시작하였다. 고등학교에 입학하기 전까지 최대한 읽기능력을 또래 수준에 가깝게 끌어올리는 것이 목표였다.

B군은 소리 내어 읽는 것을 특히 힘들어했다. 낯선 외국어 지명과 인명, 음절 수가 많은 단어는 바로 해독하지 못하고 더듬거렸다. 또 글자를 틀리지 않고 읽는 데 온 신경을 집중하느라 로봇처럼 딱딱하고 기계적인 음조로 읽었다. 읽기가 유창해지기 시작한 것은 2개월이 지나서부터였다. 단조롭게 웅얼거리던 소리에 점차 리듬이 생겼고 문장 중간에 발음 오류로 끊기는 일도 줄어들었다. 겨울방학이 끝날 무렵 다시 측정한 읽기 검사 결과는 본인 학년 수준을 뛰어넘은 것으로 나타났다.

봄이 되어 B군은 고등학교에 진학하였다. 그리고 중간고사에서 처음으로 국어 100점을 맞았다.

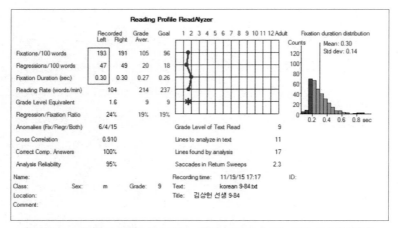

〈그림 14-1. 훈련 전 읽기분석기 결과―훈련 전 읽기 속도는 분당 104단어였다〉

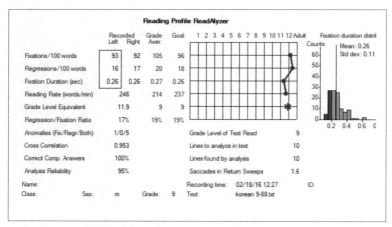

〈그림 14-2. 3개월간 훈련한 후 읽기분석기 결과―3개월간 훈련한 후에는 읽기 속도
가 분당 246단어로 향상되었다〉

사례 ❸ | 시력이 좋아졌어요

초등학교 2학년인 B양은 매우 도수가 높은 안경을 끼고 있었고 말을 거의 하지 않았으며 다른 사람과 눈도 잘 마주치지 않았다. 여러 병원과 기관을 찾아가 검사를 받았는데 아이에게 지능 장애가 있으며 해 줄 만한 치료가 별로 없다는 말을 들었다고 했다. 하지만 아이어머니의 의지는 매우 강했다. 분명 어딘가에 아이의 상태를 개선해 줄 만한 치료 방법이 있을 것이라고 믿고 많은 책을 읽고 정보를 검색한 끝에 본원을 찾아왔다고 했다.

B양은 그날부터 바로 훈련을 시작하였다. 리듬 훈련을 특히 어려워했고 한 달 가까이 지나서야 간신히 박자를 희미하게 인지하기 시작하였다. 변화는 그 무렵부터 시작되었다. 학교에서 친구들이 게임을 하는 데 처음으로 함께 어울렸다고 했다. 그전에는 반응이 매우 느려 친구들과 어울려 뭔가를 함께하기가 불가능했던 터였다.

어머니는 B양의 눈 맞춤 횟수도 점점 늘었다고 했다. 처음 왔을 때는 무표정하기만 하던 아이가 가끔 수줍게 미소를 짓기도 했다.

B양은 그 뒤 빠른 속도로 발전하기 시작했다. 한 달 만에 알파벳 대문자와 소문자를 모두 정확하게 암기해낼 정도가 되었다. 항상 바닥만 보며 질문에도 별 반응이 없던 아이가 조금씩

말도 늘었고, 좋고 싫은 의사 표현도 정확하게 할 줄 알게 되었다. 6개월 정도 본원에서 훈련하면서 의사소통 능력이 향상되었고 읽기능력도 향상되었다. 그러던 중 B양은 지방으로 전근을 하게 된 아버지를 따라 이사를 하게 되어 본원에는 더 이상 올 수 없게 되었다. 몇 달이 지난 후 B양의 어머니가 소식을 전해 왔다. 아이의 시력이 더 좋아져서 두꺼운 안경을 벗고 가벼운 안경으로 바꾸게 되었다고 한다. 본원에서 훈련받은 유치원에서 초등 저학년 아이 중에는 원시로 눈이 아주 나쁜 아이들이 종종 있는데 시각 인지 훈련을 통해 이런 아이들의 시각 인지 기능을 향상하면 시력이 좋아지는 경우를 자주 보게 된다. 두뇌의 시각인지 기능을 향상하면 시력이 좋아져서 안경 도수를 변경하게 되는지에 대한 명확한 이유는 아직 잘 모른다.

또한, B양은 새로운 학교에서 새 친구도 사귀고 학교생활에도 잘 적응하고 있다고 했다.

사례 ❹ | 글씨를 거꾸로 쓰는 아이

유치원에 다니는 7살인 C양은 글을 전혀 읽지 못했다. 아이의 부모님은 교육 수준이 높을 뿐만 아니라 교육열도 높은 사람들이었다. 아이가 초등학교 입학을 앞두고 집에서 몇 달간 엄마와 아빠가 돌아가며 아이에게 한글을 열심히 가르쳤다고 했다. 그런데 3살 많은 C양의 오빠가 쉽게 글을 익힌 것에 비해 C 양은 아무리 가르쳐도 자신의 이름 세 글자 외에는 거의 읽을 수 있는 글자가 없었다. 많이 고민하던 부모는 인터넷과 책을 통해 아이가 글을 못 읽는 원인을 찾던 중 처음으로 난독증에 대해 알게 되었고 자신의 아이도 난독증이 아닐까 의심하게 되어 본원을 찾게 되었다.

글을 아예 못 읽기 때문에 읽기 검사는 진행할 수 없었다. 취학 전까지 글을 읽을 수 있게 만드는 것이 목표였다. 첫 단계는 읽기를 배우는 데 필요한 두뇌 기능을 향상하는 것이었다. 그 다음은 자음과 모음의 소리를 익히는 과정인데 이것부터 쉽지 않았다. C양은 기역, 니은, 디귿 등 순서상 앞에 나오는 몇 개의 문자소들은 외웠지만, 그 뒤에 나오는 문자소들은 굉장히 헷갈려 했고 많은 반복에도 불구하고 다음날이면 또 이름을 대지 못하였다. 글을 못 읽는 미취학 아동에게는 쓰기 훈련도 함께 시키는데, 왼손잡이인 C양은 획을 순서에 맞지 않게 쓰거나 일부 자음이나 모음은 거울에 비치듯 뒤집어쓰는 일이 많아 고치기가 쉽지 않았다.

몇 달의 지루하고 더딘 시간이 지나간 후에 변화가 찾아왔다. 조금씩 자음과 모음을 조합해서 읽을 줄 알게 된 것이다. 처음엔 글자 하나를 놓고도 천천히 생각한 후에야 그 한 개의 글자를 읽을 수 있었지만, 점차 글자를 알아보는 속도가 빨라졌다.

7. 난독증

그리고 곧 쉬운 그림책을 떠듬거리며 읽을 수 있게 되었다. 그렇게 또 몇 달을 훈련한 후 C양은 초등학교 1학년 수준의 동화책을 무리 없이 읽을 수 있게 되었다.

그 후 C양은 초등학교에 입학했고 유치원 때는 소심하고 위축된 생활을 했던 것과 달리 이제는 밝고 씩씩하게 학교생활을 해나가고 있다는 후문이다.

사례 ❺ | 처음 받아보는 언어영역 1등급

모 여대에 재학 중인 D양이 찾아왔다. D는 어릴 적부터 공부를 곧잘 했다. 성격이 차분하고 집중력이 좋아 책상 앞에 앉아서 책 읽고 공부하는 것이 가장 재미있었고 덕분에 선생님과 부모님에게 많은 기대와 관심을 받았다. D는 특히 과학에 관심이 많아 커서 기초 의학을 연구하는 의사나 생명공학자가 되는 것이 꿈이었다. 영화에 나오는 것처럼 하얀 가운을 입고 연구소에서 일하는 미래의 자신을 그리며 D는 학교─학원─독서실을 오가는 학창 시절을 보냈다. 그런데 중학교 때까지는 상위권 성적을 유지했으나 고등학생이 된 후부터는 성적이 하락하기 시작했다. 특히 국어 시험에서 지문이 길어지면 두세 번 반복해서 읽어야 문제의 답을 찾을 수 있었고 그 때문에 시험 시간이 늘 모자랐다. 대치동에서 유명하다는 국어 학원 여러 곳을 다녀

봤지만, 성적은 쉽사리 오르지 않았다. 그렇게 고교 3년을 보낸 후 치른 수능시험에서 예상대로 언어 영역이 다른 영역보다 저조했고 결국 D는 목표로 하던 대학에 진학하지 못하고 성적에 맞춰 원하지 않던 대학의 학과에 진학하게 되었다.

그대로 꿈을 포기할 수 없었던 D는 반수를 하여 다시 한번 수능에 도전했지만, 이번에도 결과는 달라지지 않았다.

세 번째 수능에 도전하기 몇 달 전에 본원에 내원한 D는 중학교 수준의 읽기 실력을 지닌 것으로 나타났다. 수능까지는 불과 몇 달 남지 않은 상황, 수능 준비와 훈련을 병행하기에는 시간이 빠듯했다. 하지만 D는 주저 없이 훈련을 받기로 결정했다. 스스로 돌아볼 때 노력도, 집중력도 부족하지 않았다. 도약을 위해서는 뭔가 다른 게 필요했다.

그날부터 3개월에 걸친 훈련이 시작되었다. D는 읽기를 할 때 장모음과 단모음을 잘 구별하지 못했다. 여태껏 자신에게 그런 문제점이 있는지도 모르고 살았다고 했다. 장모음과 단모음을 구별하는 것은 일반적으로는 모국어를 습득하는 과정에서 자연스럽게 습득하게 되지만, 난독증이 있는 사람은 이런 미묘한 음의 길이 차이를 구분하는 것이 어렵다.

또한, D는 거의 억양이 없는 모노톤으로 읽곤 했다. 이것 역시 난독증의 특징 중 하나로 소리의 높낮이를 잘 구분하지 못하기 때문에 자연스러운 억양으로 읽지 못하는 것이다.

처음 한두 달간은 크게 변화가 없던 D는 3개월째에 들어서자 조금씩 억양과 발음이 정확해지면서 변화를 보이기 시작했고 읽기 검사 결과 성인 수준의 읽기능력을 갖추게 되었다.

수능을 치른 후 D는 한 번도 받아본 적 없던 언어영역 1등급의 성적표를 받아들었다. 그리고 이듬해 봄 어느 날 D의 어머니로부터 연락이 왔다. D가 명문사립대학 이공계에 진학해 학교에 잘 다니고 있다며 감사의 말을 전해 왔다.

사례 ❻ | 아무것도 못 하던 아이가 못 하는 게 없는 아이가 되다

초등학교 1학년인 S군은 유아기부터 발달이 느렸다. 세 살이 될 때까지 한 단어도 말을 하지 못해서 언어치료와 운동치료, 놀이치료 등을 받기 위해 여러 치료 센터를 전전했다고 했다. 하지만 초등학교에 입학할 때까지 아이의 상태는 크게 개선되지 않았고 입학한 지 얼마 지나지 않아 담임 선생님으로부터 연락이 왔다. 아이가 선생님의 말씀을 전혀 이해하지 못해 수업 시간에 계속 딴 곳을 보거나 다른 친구들의 수업을 방해하는 등의 행동을 한다는 것이었다. 결국, 아이어머니는 지인의 소개를 통해 본원을 찾았다.

아이는 언어로 의사소통이 거의 되지 않아서 읽기 검사, 집중력 검사 등의 검사가 불가능했기에 검사 없이 바로 훈련을 시작하게 되었다. 겁이 무척 많아 낯선 곳에서 새로운 일을 하는 것을 매우 심하게 거부하였다. 훈련 첫날은 컴퓨터 앞에 앉아 있는 것조차 거부하고 크게 소란을 피워 앞으로 계속 훈련을 할 수 있을지조차 걱정스러웠다. 하지만 이튿날부터는 조금씩 진정하기 시작하였고 이후로는 서서히 훈련에 적응해 갔다.

한 달쯤 지났을 때 아이는 지시 사항에 "네." 하고 대답할 줄 알게 되었다. 그전까지는 반응이 없거나 어쩌다 말을 해도 반말밖에 할 줄 몰랐다.

처음에는 의사소통이 되지 않는다는 점 때문에 아이의 약점과 장애만 눈에 보였는데, 점차 겪다 보니 아이는 약점 못지않은 강점들도 많이 지니고 있다는 것을 알게 되었다. 우선 집중력이 뛰어나서 자신이 현재 하는 일에 몰두하면 주위에서 어떤 일이 있어도 흐트러지지 않았다. 엄청난 집중력 덕분에 훈련 기록은 빠른 속도로 향상되었다. 또한, 청각적 인지 능력이 부족한 대신 시각적 인지 능력이 뛰어나 글자를 보고 외우는 것, 남이 하는 동작을 관찰해서 그대로 따라 하기 등에 매우 능했다.

남다른 강점을 지닌 아이에게 훈련으로 약점을 보완해 주자 불과 몇 달 사이에 아이는 몰라보게 달라졌다. 남이 알아듣기 힘들던 발음은 훨씬 더 정확해져서 의사소통이 전보다 원활하게 되었다. 학교에서 수학시험과 받아쓰기는 거의 매번 100점을 맞았고 줄넘기를 전혀 하지 못하던 아이가 줄넘기도 잘하게 되었다. 리코더와 피아노와 바이올린도 배워 동요도 능숙하게 연주하게 되었고 수영과 태권도 학원에서도 잘한다고 칭찬을 받게 되었다. 학교에서 문제아였던 아이가 1년 만에 다재다능한 아이로 탈바꿈하였다.

미래에 아이가 성인이 되었을 때 어디까지 발전해 있을지 기대된다.

사례 ❼ | 난독증과 ADHD를 함께 가지고 있던 초등생

초등학교 3학년 남학생 C가 1학기 중간쯤 읽기와 집중력 문제로 내원하였다. 검사부터 쉽지 않았다. 잠깐이라도 앉아서 한 가지 일에 집중하는 것을 힘들어했기 때문이다. 어렵게 읽기를 시켜보니 글자를 '읽는다'라기보다는 '보는' 것에 가까웠다. 글자를 조합해서 해독하지 못하고 통글자로 암기한 몇몇 글자만 띄엄띄엄 알아볼 수 있을 뿐이었다. 책을 읽는다는 것은 거의 불가능에 가까웠다. 3학년이 되도록 글을 제대로 못 읽자 학교생활에도 어려움이 많다고 했다. 알림장을 받아 적는 것도 못 했고 숙제는 부모의 도움 없이 혼자서 할 수가 없었다.

매일 3시간씩 훈련을 하기로 하였다. C는 차멀미가 심해 훈련을 받으러 오는 것조차 힘들어했다. 도착하면 한참을 소파에 누워 있다가 훈련을 시작한 후에도 긴 시간 동안의 집중이 어려워 도중에 자주 쉴 수밖에 없었다.

몇 달이 지나자 훈련 태도가 나아져 쉬는 시간을 점차 줄일 수 있었고 소리 내어 읽기도 가능해졌다. 아직 문장을 읽을 수만 있을 뿐이고 의미를 이해하는 수준은 아니었지만, 글자를 읽을 수 있게 된 것만으로도 자신감이 생겨 거리를 지나가다 보이는 간판들을 읽고 관심을 보이기 시작하는 등 생활에 변화를 보였다.

훈련을 시작한 지 1년 10개월 정도의 시간이 흘러 4학년 겨울방학이 끝날 무렵에 읽기 검사를 해 보니 4학년 평균 수준의 읽기능력을 갖게 된 것으로 나타났다.

이후로는 훈련 횟수를 주 3회로 줄이고 개인과외를 병행하였다. 그렇게 6학년을 마칠 때까지 꾸준히 훈련하였고 중학교에 입학하면서 훈련 없이 학업에만 집중하기로 하였다.

한 학기가 지나고 여름방학이 되자 키가 훌쩍 큰 C가 어머니와 함께 인사를 하러 왔다. 공부를 매우 잘하고 있으며 반에서 1등, 전교에서 6등을 했단다. 4년이란 긴 시간 동안의 훈련이 절대로 헛되지 않았음을 보여 주는 사례이기에 지금까지도 기억에 많이 남는다.

마치며

1887년 이후로 난독증의 실체가 밝혀지지 않은 상태로 100년의 세월이 흘렀다. 이후 1990년대부터 최근 20~30년 사이에 난독증에 대한 많은 것이 알려지게 되면서 진단과 치료 체계가 만들어지고 있다. 그러나 난독증의 역사가 짧고 아직도 많은 연구가 필요하다 보니 많은 사람이 난독증에 대해 충분히 이해하지 못하고 있다. 난독증을 공부하기 싫어하는 학생들이 꾸며낸 꾀병으로 여기는 사람들도 있고, 아무리 노력해도 치료가 불가능한 문제로 알고 있는 사람들도 있다. 그렇지만 난독증은 과학적으로 증명된 신경발달의 문제이고, 효과적인 훈련을 강하게 반복해서 시행하면 정상 읽기회로가 만들어져 치료가 가능한 미세신경발달장애이다.

즉, 이 책의 서두에서도 언급했지만, 난독증은 치료 가능한 신경발달장애이다. 그런데도 불구하고 현재도 치료가 불가능하다고 생각하는 사람들이 많다는 것은 그만큼 치료가 쉽지 않기 때문이다. 그렇다면 치료가 어려운 이유가 무엇일까를 생각해 보자.

첫 번째 이유는 난독증을 일으킨 원인이 개인마다 다르다는 것이다.

난독증인들이 겉으로 드러내 보이는 읽기 어려움이라는 문제가 모든 난독증인이 보이는 공통적인 문제이긴 하지만, 난독증인들 개개인에게서 읽기 어려움이 유발된 원인을 찾아보면 각자 다르다. 이렇게 난독증을 일으킨 원인이 각자 다르다 보니 어떤 특정 치료가 누군가에게는 효과가 좋았는데 다른 누군가에게는 효과가 아예 없을 수도 있는 것이다.

두 번째 이유는 난독증 치료가 쉽지 않아서 치료를 중도에 포기하는 것이다.

난독증을 일으킨 원인을 신경과학적으로 분석해서 치료한다고 해도 그 교육 훈련 과정이 많은 시간과 비용을 요구하는 과정이다 보니 끈기 있게 필요한 만큼 충분한 훈련을 받지 못하고 훈련을 시작했다가 중도에 포기하는 일이 종종 있다. 이렇게 훈련을 하다가 중도에 그만둔 사람들이 "치료를 받아 봤는데, 치료가 안 돼!"라고 이야기하는 경우가 흔히 있다.

세 번째 이유는 효과 없는 치료법으로 치료한 경우이다.

난독증 치료를 위해 한약, 눈동자를 움직이는 체조 등과 같이 치료에 적합하지 않은 치료 방법으로 치료를 받은 탓에 효과를 못 보고서 난독증은 치료가 불가능하다고 생각하는 것이

마치며

다. 난독증 극복을 위해 정상 읽기회로를 형성시키기 위해서는 회로 형성에 필요한 자극을 반복적으로 강하게 주는 것이 필요하지, 먹는 약이나 주사 한 방으로 난독증을 치료할 수는 없다.

나는 이 책을 통해 난독증을 치료하는 방법으로 이제까지는 거의 무시되어 왔던 독서에 관여하는 두뇌 기능 향상에 초점을 맞춰 설명하고, 난독증은 치료할 수 있다는 것을 강조하였다. 그 이유는 이제까지 시중에 나와 있는 난독증에 관한 책들 가운데 많은 책이 난독증 아이들은 읽기가 잘 안되고 배우는 모든 것이 느리니까 '느린 학습자'로 분류해서 그들을 배려하는 교육을 해야 한다거나, 난독증을 가진 채 힘들고 어렵게 살아가는 방법을 소개하는 것 같은 내용을 위주로 하여 다루고 있기 때문이다. 그런데 난독증 아이들은 주위의 동정으로 행복할 수 없으며 다른 아이들과의 경쟁에서 항상 뒤처지는 지진아로 취급받으면서 행복할 수도 없다. 난독증 아이들에게 필요한 것은 난독증으로 인한 어려움을 겪지 않을 수 있는 두뇌 기능을 만들어 줌으로써 자신이 노력한 만큼 성취할 수 있는, 남들과 동등하게 경쟁할 수 있는 사람으로 만들어 주는 것이다. 자기가 애쓴 만큼의 결과를 경험하게 되면 그 아이는 그 경험을 통해 자신이 무능하지 않다는 것을 느낄 수 있다. 그런 느낌들이 여러 차례에 걸쳐 조금씩 쌓이게 되면 목표가 만들어지고, 목표를 달성하겠다는 의지가 생길 것이며 점점 자존감이 높아진다. 결국, 한 사람의 인생이 달라질 수 있고 그 사람과 연관된 가족들과 같은 많은 사람의 인생까지도 달라지는 것이다.

다시 한번 말하지만, 난독증은 신경과학적으로 접근하여 진단하고 치료하면 치료할 수 있다. 나는 난독증과 연관 있는 교육자, 치료사, 의사 같은 여러 직역의 사람들뿐만 아니라 많은 일반인이 난독증에 대해 이해하게 되고, 우리 아이들이 좀 더 이른 나이에 진단받고 치료받을 수 있는 환경이 만들어져서 난독증으로 고통받는 많은 사람 모두가 그 고통에서 벗어날 수 있기를 희망한다.

마치며

붙임말

우리나라에는 아직 난독증학회가 없다. 그런데 나는 개인적으로 정식 학회가 없는데도 불구하고 온라인상에 한국난독증학회 홈페이지(http://dyslexia.kr)를 만들어 놓고 최신 연구 논문들을 비롯해서 난독증에 대한 다양한 정보를 공유하려고 노력하고 있다. 이 책에 언급된 내용들도 대부분 한국난독증학회 홈페이지에 소개된 연구 논문들에서 그 근거를 찾을 수 있다.